ÉMILE GOUDEAU

—

PAYSAGES PARISIENS

HEURES ET SAISONS

ILLUSTRATIONS

COMPOSÉES ET GRAVÉES SUR BOIS ET A L'EAU-FORTE

PAR

AUGUSTE LEPÈRE

PARIS

IMPRIMÉ POUR HENRI BERALDI

—

1892

E. GOUDEAU ᴇᴛ A. LEPÈRE

PAYSAGES PARISIENS

HEURES ET SAISONS

a

JUSTIFICATION DU TIRAGE

Cent trente-huit exemplaires numérotés sur papier vélin
des Papeteries du Marais.

N° 13

EXEMPLAIRE

IMPRIMÉ POUR

LE DÉPÔT LÉGAL

EMILE GOUDEAU

—

PAYSAGES PARISIENS

HEURES ET SAISONS

ILLUSTRATIONS
COMPOSÉES ET GRAVÉES SUR BOIS ET A L'EAU-FORTE

PAR

AUGUSTE LEPÈRE

PARIS
IMPRIMÉ POUR HENRI BERALDI
—
1892

TABLE DES ILLUSTRATIONS

—

FIN DE LA TABLE DES ILLUSTRATIONS

b

PAYSAGES PARISIENS
HEURES & SAISONS

Les amoureux de Paris
sont comme ceux de Céli-
mène ; ils adoreraient les
défauts mêmes de l'idole, — si
Paris en pouvait avoir !

A Paris seulement les philosophes trouvent la
cité rêvée par Platon ; — les politiques y ren-
contrent le mouvement perpétuel ; — les moralistes

y puisent incessamment pour leurs analyses des matériaux hétéroclites, perles ou pourritures ; — les mondains s'y amusent, les laborieux s'y livrent à de formidables tâches. Chacun va de son côté dans cette majestueuse réduction du Cosmos ; tous ont pour les unir un lien commun, l'amour de Paris.

Parmi ces amoureux, quelques-uns, artistes volontaires ou inconscients, adorent surtout l'aspect extérieur de leur Grande Ville, à la façon des amants qui se contentent d'être les fidèles serviteurs de la Beauté, sans aller au delà de la splendeur des lignes ou de la joliesse des détails. Peu leur chaut que leur maîtresse possède une âme transcendante, un esprit supérieur, un cœur d'or ou des passions redoutables ; ce qu'ils adorent, ce sont les variations de sa beauté au hasard des heures et des toilettes.

Ainsi certains passants hâtifs, banquiers peut-être ou écrivains, employés ou notaires, marchands ou peintres, tout en arpentant les rues et boulevards d'un pas rapide d'hommes affairés, savent très bien voir sans avoir l'air de regarder ; ils

admirent en purs Parisiens les aspects. — chan-
geants, suivant les temps, les heures et les saisons,
— d'un spectacle incessant où s'amalgament en
un fondu exquis la Nature et l'Artifice.

Tandis qu'à côté d'eux les touristes venus du
lointain ou les ahuris clients de « M. Cook » que
trimballent des chars à bancs, n'aperçoivent rien,
— et ne peuvent rien apercevoir, puisqu'ils ont
les yeux constamment fixés sur la description
didactique du Bædeker ou du Murray, — nos
dilettanti, passionnés pour Paris et devenus
poètes comme tous les amoureux, guettent la gloire
des parures, la splendeur des ajustements dont
l'habille la capricieuse atmosphère, dans une
blonde matinée de printemps, dans une mélanco-
lieuse après-midi d'automne, et aussi le détail de
ses fanfreluches et de ses bagatelles, selon que le
vent d'hiver poudre à frimas, comme une mar-
quise, la Ville adorée, ou qu'une brise d'été agite
doucement sa chevelure verte sur ses maisons
blanches comme des épaules.

Pour ce Parisien-là, il n'est pas de plus belle

campagne, de plus miraculeux paysage que Paris;
il y trouve tout ce que la Nature lui pourrait
offrir, plus une foule de choses que cette pauvre
Nature ne lui offrirait pas ! et, par une adaptation
éminemment incompréhensible au delà des forti-
fications, il signe chacun des paysages parisiens
du nom de quelque artiste favori. La place de la
Concorde sous une pluie fine? c'est un Nittis. Un
régiment qui passe sur le boulevard? c'est un
Detaille. Une brume venant estomper et presque
noyer les lignes, les couleurs et les figures? c'est
un Carrière. Un ciel d'été infusant du violet
dans les ombres? c'est un Claude Monet. Le vieux
Paris devient un Méryon; une femme alerte, un
Grévin; le Bois le matin, un Corot; le théâtre
le soir, un Béraud. Et, les grandes masses, les
perspectives d'ensemble, les décors grandioses
sous le soleil de midi ou par les froides lunes
d'hiver, seront pour lui des Rubé ou des Lavastre.

De ces observateurs de la vieille Lutèce et du
nouveau Paris en voici deux : un artiste, dessi-
nant les aspects qui le frappent, capable, par une

habileté singulière, de les graver aussi, et qui plus est de deux manières indifféremment, à l'eau-forte ou sur bois; — et un rêveur, notant ses impressions. Ils vont, chacun de son côté, sans songer à mettre en communion ces notes écrites ou dessinées, qui risquent fort de sommeiller éternellement en quelque ténébreux tiroir....

Mais voici qu'un troisième Parisien survient; c'est un bibliophile, il va servir de trait d'union entre l'écrivain et le peintre : il offre de créer le livre, en mettant les dessins de celui-ci dans le texte de celui-là.

Et de cette triple association naît le présent volume : Paysages parisiens, Heures et Saisons.

Fin de février ou commencement de mars. Temps sinon froid, du moins aigre.

Cinq heures du matin. Le jour ne point pas encore ; mais déjà roulent des buées semblables à des voiles, indiquant que la nuit ramasse son manteau et ses jupes pour quitter Paris. Tout semble indécis, les vagues lumières comme les bruits à peine éveillés, dans le léger brouillard bleu ou violet qui emmitoufle les becs de gaz et assourdit le son des angélus.

De-ci de-là, sur la face sombre des maisons,

de rares fenêtres s'allument; et, aussi, derrière
les monotones murailles des casernes, s'enten-
dent des clairons, des tambours, sonnant ou
battant la diane. Le tambour roule, également
matinal, dans les dortoirs des collèges, tandis
que des cloches tintent longuement à la porte
des ateliers, que retentissent des sifflets, des
clameurs de sirènes, dans les usines éparses en
la ville, au-dessus desquelles monte le nuage
de la vapeur que roussit la neuve fumée du
charbon. Le hihan des boulangers a cessé,
maintenant c'est le four qui achève de dorer
le pain, après qu'à un galop immodéré, dans
une rude mélopée de ferrailles, les brutales
voitures de bouchers ont fui vers les boutiques
faiblement éclairées, et dont les lourdes grilles
s'entr'ouvrent.

* * *

Ce n'est pas même l'aurore : à peine une
indication de lueur. Mais déjà les allumeurs de

réverbères, changeant de rôle pour devenir
extincteurs des feux, s'avancent silencieux,
tristes, leur long bâton noir à la main ; pendant
que les balayeurs et balayeuses, hâtifs, font
courir leurs instruments de nettoyage, en demi-
cercle, sur les trottoirs. Des cantonniers poussent
largement aux égouts les immondices de la
veille, le tourbillon sali des vieux prospectus,
les restes épars des papiers défraîchis traînant
sur le pavé.

* *
*

Sur les longues avenues, sur les boulevards
rectilignes, la file des maisons semble engourdie
dans un demi-sommeil. Après le départ des
balayeurs, un moment d'accalmie, comme un
dernier prolongement de nuit, se fait : il semble
que le quartier riche, après un court réveil, se
replonge dans ses draps et se rendorme. Seuls
maintenant, les gardiens de la paix arpentent leur
îlot, espérant bientôt voir venir du poste leurs

remplaçants. L'un d'eux déclare : « Il fait froid ! » ;
l'autre répond : « Non, il fait frisquet ». Au bout
d'une trentaine de pas, il ajoute : « Ça sent déjà
le printemps ». Le premier riposte : « C'est pourtant vrai, la feuille pousse ».

Sous les toits, dans les mansardes, crécellent
les réveille-matin, tirant du sommeil les domes-
tiques et aussi les ouvriers et les employés. Mais
tout cela ne rompt point le silence. A peine, de
loin en loin, la retombée d'une porte cochère
livrant passage à quelque homme taciturne et
rapide, qui allume en courant une matinale cigarette. A peine le roulement de quelque voiture
tardive ramenant du cercle le dernier joueur.

Mais, alors même que les quartiers populeux
s'éveillent torpides, que le marchand de vins et
tabacs, nonchalant, lourd encore, tire ses volets,
que de rares passants piqués par le froid, les
coudes au corps, les mains aux poches, les
épaules remontées, un mouchoir noué autour du
cou et des oreilles, ou bien, gaillards déjà,

s'ébrouant dans. la fraîcheur de l'air, avec une
allure d'hercule jactant de matineuses plaisan-
teries, viennent à la hâte, sur le comptoir de
zinc, arroser de cognac un croissant d'un sou,

la Vie bruyante, fiévreuse, commer-
çante, gouailleuse, riche et pauvre, toute
la Vie parisienne se concentre aux abords des
Halles, dans le Ventre énorme de Paris.

C'est vers ce point que convergent par toutes
les portes lointaines de la grande ville les charrettes de maraîchers, bondées de choux énormes,
d'herbes variées, de légumes ; c'est là que vont
les longues files de voitures arrimées de bou-

cherie; aussi là que se dirigent les convois de
fleurs, ou même les piétons lourdement chargés
de délicates violettes. Les premiers lilas, frileux
encore, viennent achever de s'épanouir, sous ces
lumières aveuglantes, dans ce tumulte qui les
réveille brusquement de leur sommeil campagnard. Les lilas sont étonnés de ne point ouïr le
chant premier des oisillons, mais, au contraire,
vers la pointe Saint-Eustache, des voix fatiguées
de crieurs : « Les mille bottes à dix francs ! à
dix francs cinquante ! »

On voit, par grandes arrivées, les fleurs coupées
et encore les fleurs en pots, et encore (ô cher
printemps qui naît !) de frêles branches, des
boutures de jasmin, de minces filaments de
vigne vierge, emmaillotés, ficelés, boudinés,
laissant pendre par en bas une chevelure de
racines emmêlée de terre fraîche, singulière
chevelure poudrée à noir. Des milliers de fleurs
et d'arbustes vont de la sorte au marché de
la Madeleine, vers le temple élégant, pour

former, des
deux côtés de
l'église consa-
crée à la péche-
resse repentie, une double corbeille odorante,
gracieuse. Or, là-bas, non loin du Palais de

Justice, entre les casernes, sous le regard
de Notre-Dame de Paris, d'autres fleurs, encore
saignantes du coup de sécateur, ou vivantes
en des vases, d'autres lilas, violettes, jas-
mins en primeurs et arbustes de vigne folle
s'accumulent, car Notre-Dame la Vierge aime
également ces poésies de la terre, ces inno-
centes poésies végétales, dont ses autels doivent
être parés. Les fleurs, ce sont les véritables
encensoirs féminins.

*
* *

Sous un porche, devant la caserne que l'aube
commence à blanchir, la baïonnette du garde
étincelle. L'allumeur vient d'éteindre le dernier
bec de gaz sur la place.

De petits nuages bleuâtres d'abord, puis vio-
lets, se teintent peu à peu de rose, là-bas, au-
dessus de la colonne de Juillet, vers la Bastille.
Dans les gares de Lyon et d'Orléans, des coups
de sifflet aigus et répétés annoncent l'arrivée

des trains; un grouillement de voitures, de
piétons, des cohues de gens se précipitant sous
des portes monumentales; des sons de cloche
assourdissant l'aurore; des malles craintives,
des caisses apeurées passant devant l'octroi armé
d'une craie redoutable; puis des appels de voix
vers la pittoresque et sordide rangée des cochers maraudeurs, qu'une nuit passée sur leur
siège n'embellit point, et que l'étranger regarde
avec méfiance.

Tout un brouhaha, un tumulte de vie : des
voyageurs, délicats peut-être, mais défraichis,
avec des gants noircis de poussière, des vêtements fripés par une nuit de wagon, le visage
fatigué, courent de-ci de-là, en proie à cette
terreur profonde qu'inspire la salle des bagages,
la recherche du sapin. Enfin, dans les omnibus
de famille omnicolores, dans les fiacres déteints,
se tassent les arrivants. Et l'on roule. Aussitôt,
la casquette enfoncée jusqu'aux oreilles, un
gaillard de mauvaise mine se met à suivre en

courant dans le vague espoir de quelque au-
baine : les bagages à décharger, un pourboire.
Tel, un loup derrière une troïka.

Or, tandis que les voitures des Postes instan-
tanément remplies de leur butin confidentiel
s'enfuient sur leurs roues rapides, soudain d'effrontés oiseaux piaillent en gazouillis majeur, et
se querellent avec des chansons.

Le soleil s'est levé.

* * *

Venant on ne sait d'où, sortis peut-être de
l'eau, ou tout au moins des piles de ponts, ou
bien tombés de la lune qui s'évade sous l'horizon,
des kyrielles de pêcheurs à la ligne sont installés
déjà sur le bord du fleuve. Légèrement, un ba-
teau-mouche trace un sillon dans la rivière, un
remorqueur siffle, demandant la porte de l'écluse.
Eux, les pêcheurs, lèvent ou abaissent le bras
méthodiquement, dès qu'un initial rayon du jour
leur a permis de se livrer à leur sport. Dans

l'embrasure d'une bouche d'égout. deux pots de fleurs sont posés. Oh! amour du Parisien pour la verdure!

Les hauts ponts profilent leurs arches. On voit les premiers tramways. couverts d'hommes en blouse. filer vers des labeurs. Les pêcheurs continuent à abaisser et à lever rythmiquement le bras. sans entendre autre chose que le bruissement du flot. sans rien voir. sinon le plongeon improbable du bouchon rouge. Philosophes peut-être. mais

non artistes, ces êtres que ne fait point pal-
piter un des plus beaux paysages de Paris :
l'enfilée étrangement monumentale des dessous
de ponts, la succession de ces arches, qui semblent posées en télescope dans une perspective
que le reflet des flots éclairés rend mouvante,
vacillante, comme une voûte de rêve posée sur
l'eau !

La brume légère a disparu, l'horizon est clair,
mais de minces nuages voilent parfois le soleil.
Matinée de printemps parisien : quelque chose
d'humide et de doux, de frais et de fragile. Les
monuments noirs ont l'air d'être subitement lavés
par la lumière ; les maisons ouvrent leurs yeux :
les fenêtres frappées par les premiers rayons
semblent avoir une prunelle. Des laitiers heurtent
bruyamment aux portes ; les boueux passent et
cueillent les poubelles lourdes de détritus, que
d'ailleurs d'innombrables chiens sont préalable-
ment venus ravager. Une vague odeur d'anciens
potages, de biftecks et d'os se mêle à l'arome

des fleurs, au parfum des neuves victuailles
que viennent
chercher les
ménagères.
Dans

le hourvari de la ville
renaissante à la vie,
on peut entendre, malgré tout, un chant de
cloches. Vers les églises marchent lentement des

dévotes aux visages muets, aux yeux mi-clos, et se hâtent des prêtres, leur bréviaire sous le bras.

*
* *

Courant, isolés ou par groupes, des employés de magasin et de jeunes ouvrières descendent des faubourgs vers le centre, achetant à la hâte, celles-ci un bouquet de deux sous, ceux-là un petit journal. Les kiosques étalent les feuilles, que la marchande plie d'un coup de main rapide; des porteurs arrivent avec leur papier sentant encore l'imprimerie. Un acheteur matinal ouvre son *Figaro*, un jeune auteur dramatique récolte tous les journaux, pour y dévorer les comptes rendus de sa *première* de la veille.

*
* *

Le long d'un aristocratique boulevard, où retentit la corne des tramways de banlieue, monte péniblement un attelage de six chevaux, durement fouettés par un charretier pressé, et traînant un chariot sur lequel oscillent lourdement deux énormes pierres de taille.

Au bord du trottoir, un jeune homme élégant, mais un peu dévasté par les veilles, lève les yeux vers une fenêtre d'où une main féminine, ayant soulevé le rideau, envoie un dernier adieu.

C'est le printemps. Les marronniers se hérissent de minuscules feuilles, recroquevillées encore, mais humides de sève.

C'est aussi l'heure brève où la Ville possède un fugitif charme de jeunesse élégante. Balayée, propre, reluisante, elle va bientôt perdre sous le pas des foules et des chevaux cette fraîcheur qu'elle retrouve chaque matin et qui se fane à chaque midi.

*
* *

Un concierge, humant l'air, afin de prendre les nouvelles les plus récentes de la pluie et du beau temps, vient *faire sa porte* : méticuleusement il frotte la poignée de cuivre. Le

facteur passe, dépose les lettres et les journaux,
rapidement; quelques petits télégraphistes jouent
avec les chiens, de sorte que, par un ironique
destin, les dépêches n'arrivent qu'après les
lettres. Des oiseaux viennent picorer on ne sait
quoi sur la chaussée; au passage du moindre
vélocipède, dans un grand froufrou d'ailes, ils
remontent sur leurs arbres, où déjà leurs nids
prennent figure.

Des soldats, portant des clairons en bandoulière, ou des tambours sur le dos comme des
sacs, reviennent silencieusement, sous la conduite d'un caporal, des fortifications, vers lesquelles sévissent, chaque matin, les tintamarres
de l'école des tambours; tandis que sur la route,
un régiment, musique en tête, parti pour une
promenade militaire, les croise bruyamment.

*
* *

Le Ministère des Finances, gravement installé
dans le nouveau Louvre, se dresse fier. De

chacun de ces formidables étages monarchiques, destinés en apparence à loger des géants, on en a fait démocratiquement deux, pour abriter le budget, cette liste incivile de la nation. Du dehors on voit cette coupe des fenêtres. De trop rares statues se dressent dans les niches, dont plusieurs sont vides. Kléber, rude guerrier de pierre, regarde d'un air de mépris passer sous les guichets du Carrousel les étranges charges de cavalerie que font les omnibus à trois chevaux. Il préfère sans doute, vers dix heures du matin, ouïr le tambour de la garde montante qui vient relever, à la porte A, la garde descendante. Les officiers se saluent. Des groupes de badauds s'assemblent devant ce spectacle militaire qui plaît toujours aux Parisiens; même des bureaucrates, zélés mais oublieux, s'attardent à la porte, et laissent passer l'heure de la feuille de présence.

Aux fenêtres d'un hôtel voisin, de jolies figures de *misses* s'encadrent, au-dessus d'un café que

le va-et-vient des omnibus emplit et désemplit
de minute en minute.

.*.
* *

Là-bas, d'un air toujours caustique, le Palais-
Royal contemple le Louvre. Autrefois, c'étaient
les sous-dynasties qui guettaient de là les dy-
nasties en titre ; maintenant c'est la Cour des
Comptes, arithméticienne lente, qui guette le
Ministère des Finances.

Une soudaine giboulée, ce fléau du printemps,
fait tout à coup le vide sur la place ; les cochers
de fiacre de la station se couvrent de leur
manteau, à moins que, pleins de sans-gêne, ils
ne s'installent dans l'intérieur de leurs voitures,
afin d'y lire à tête reposée le premier-Paris de
leur journal préféré : *l'Intransigeant*. Chassé par
le vent d'ouest, le grain marche à grands pas,
envahissant le Louvre, les quais, les ponts.

Le ciel se verse tout entier en bourrasque:
les fontaines de la place du Théâtre-Français

finissent par prendre des airs de lacs d'Écosse.
A la porte de la Comédie, un écrivain, dont
on sait les intentions à voir un rou-
leau, lequel

sort un

peu de

la

poche

de son par-

dessus printanier,

demeure anxieux durant quelques
secondes, puis reprend une promenade médi-
tative. On ne saura jamais, tant il est long à

se décider, s'il va déposer son manuscrit chez le concierge, ou si, moins téméraire, il prendra plus simplement l'omnibus jaune, la voiture Batignolles-Clichy qui le mènera à l'Odéon.

Dans le jardin du Palais-Royal, une odeur mouillée monte des parterres. Ce rectangle exhale la tristesse des lieux abandonnés, l'évocation des choses antiques, malgré l'apparence moderne d'un vitrage installé dans la cour où se fabrique la lumière électrique. Ici, des silhouettes de primeurs se dessinent derrière les glaces des restaurateurs ; là, d'énormes diamants, des rubis, des émeraudes, s'étalent, miroitent chez les joailliers, comme des soleils mis en prison et attendant, ainsi que dans les contes de fées, le chevalier bardé de piastres qui viendra les délivrer.

Oh ! le charme des matinées pluvieuses, sous ces galeries à peine hantées par de rares ombres d'hommes pressés, ou arpentées par ceux qui, n'ayant pas de parapluies, attendent philoso-

phiquement une éclaircie. Il en est d'autres,
peu familiarisés avec ces dédales, qui de-
mandent anxieusement où est le théâtre du
Palais-Royal!...

Le soleil réussit à dissiper les nuages. Un
sourire du ciel rend à ces parages leur grâce
sereine, un peu vieillotte, leur allure de Versailles minuscule, leur provinciale élégance : ne
dirait-on pas, en effet, un musée où, si le souvenir
de Camille Desmoulins, des belles thermido-
riennes, des affolés joueurs du 113, ne se sent
plus, on retrouve au moins quelque reflet de
1815 ou de la Restauration, parmi ces cafés
demeurés vieux comme une montre de famille,
avec, sur leurs devantures, un type de lettres
disparu de toutes les typographies? On se repor-
terait volontiers au *camp des Tartares*; soudain
on imaginerait quelque tableau de Boilly : ce
serait un chevalier de Saint-Louis, haut cravaté,
interpellant le banquier libéral à gilet blanc, et
quelque officier ou « brigand » de l'armée de la

Loire, rejetant dédaigneusement *la Quotidienne*
que lui tendrait un fils d'émigré, quitte à en
découdre dans les vingt-quatre heures. On évoque
les Galeries de bois et leurs souvenirs légers. On
pense aux estampes de Debucourt, aux volumes
de Restif de la Bretonne. Puis on voit, dernière
incarnation, le gros Dentu s'endormir écrasé sous
le poids énorme des innombrables volumes édités
par lui.

Mais ce n'est plus cela; la vie s'est retirée de
ce joli royaume de Golconde, de ce petit empire
de Gargantua.... Aussi, dès que l'averse a fait
place au soleil, les quelques ombres rares de
passants rapides fuient l'abri improvisé que leur
offraient les galeries couvertes. Derechef, le
désert se fait autour des comestibles et des
primeurs, autour des rayons et des feux que
lancent vainement, pour des yeux absents, les
perles et les saphirs, les rubis et les topazes,
en attendant qu'une autre giboulée ramène une
passagère foule dans ce Palais de la Solitude.

Seule, lutte victorieusement d'abandon et de
délaissement avec le Palais-Royal, cette Place
Royale à la couleur de couperose, désert morne
et insoupçonné à deux pas du mouvement intense
de Paris; vieux décor du dix-septième siècle
oublié là, débaptisé, en lequel il s'est passé tant
de choses, duels, fêtes, escalades amoureuses,
et dans lequel il ne se passe plus rien.

***

On n'a pas encore sonné l'ouverture de la
Bourse. Le Palais de la Spéculation sommeille,
et la place où il s'élève est presque vide. Mais
elle s'emplira rapidement de fiacres fanés, de
coupés luisants. Quelques instants avant midi,
des hommes pressés escaladent les degrés en
quelques enjambées, et se perdent sous le pé-
ristyle. Le monument pseudo-antique commence
à bruisser, comme une forêt avant un ouragan.
Sa lourde colonnade se peuple d'êtres disparates :
des gens cossus et d'autres mièvres, des triom-

phants et des affalés, de jeunes courtiers et de
vieux commis. Voici déjà le bicorne du garçon
de banque qui entre dans le Palais; voici la
femme d'affaires, qui reste dans les bas côtés,
sous les arbres du jardin, à la bourse « des
pieds humides ».

De lourds omnibus louvoyant sur la place,
amènent des charretées de spéculateurs de
tout acabit, comme, à la halle, les carrioles
apportent des fleurs, des choux et des navets.

Ce paysage parisien, aux heures vivantes de la
Bourse, arrive à être tellement planté d'êtres
de toutes espèces, de toutes essences, d'hommes
rabougris à la façon des ceps de vigne ou plus
somptueux que des chênes, d'individus bour-
geonnants comme des marronniers ou pâles
comme des lis, que les arbres des jardins semblent de pure superfétation. D'autant plus que
les arbres humains poussant ainsi sous le péri-
style néo-romain (oh, plutôt grec! dirait une
mauvaise langue), sont de singuliers végétaux

qui
parlent, qui   chantent et
qui clament.   Leurs bras comme
des rameaux   et leurs mains
pareilles à   des feuilles,
agités par   des
tempêtes   folles,
tournent,   vains
et tristes   jouets sous le vent
des chiffres et l'ouragan des télégrammes. « Exé-

4

cuter en Bourse » n'est pas une autre opération
que celle d'un bûcheron jetant par terre à coups
de hache un arbre frappé de la foudre et qui
n'est plus bon qu'à faire des bûches : d'où, pour
les hommes de finance perdus corps et biens
dans les tourmentes de la spéculation, l'usuelle
locution : *être brûlé* sur le pavé de Paris.

La Bibliothèque Nationale, au contraire, avec
son froid square Louvois, sa haute porte, sa cour
vaste, doucement silencieuse, évoque l'idée d'une
serre très abritée.

Le matin, au printemps, sont apportés là, avec
maintes précautions probablement, et dans des
voitures ouatées, les savants cassés ou les fra-
giles éphèbes, dont l'allure générale implique
quelque chose de frileux. Ils semblent fort peu
destinés à rester à l'air, ni à subir les bour-
rasques. Ils évitent, chétifs roseaux pensants, à
peine doués de mouvement, les rues trop fré-
quentées où passe le vent âpre de la lutte pour
la vie. Ils frôlent les murs avec l'inquiétude des

sensitives. Ce sont des plantes de serres chaudes,
que l'on claustre de neuf heures à cinq heures
sous la coupole de la Bibliothèque, dans le
souffle chaud des vieux livres entassés, parmi les
anciens tomes semblables à des stratifications
de charbon fossile. Une lumière égale leur est
distribuée, une très douce lumière pareille à celle
qui sort des poèmes d'antan, avec l'haleine tiède,
languissante, des belles choses disparues, soudain ressuscitées.

Ces lecteurs, dans la serre de la Bibliothèque,
deviennent ainsi printaniers, jeunes, délicieuse-
ment exotiques au milieu de notre civilisation
combative et de notre sauvage lutte américaine.
C'est certainement un couvent laïque, quelque
Thébaïde de bons Antoines qui, fuyant les dis-
cordes, se réfugient dans le Passé comme en
un cloître. Aussi ne s'étonnerait-on point d'entendre une cloche sonner matines, et de voir à
la porte, au lieu du gardien déguisé en garde
forestier, un frère lai chargé de tirer les verrous.

Les gens bruyants qui suivent la rue Vivienne
semblent parler plus bas et marcher moins vite
dès qu'ils arrivent devant la Bibliothèque, lieu
sacré, vénérable, intimidant, quoique à vrai dire,
dans le voisinage, certaines pseudo-japonaises,
s'abritant sous le nom de l'illustre Colbert, ven-
dent des fleurs à pleins bateaux, mais d'une façon
discrète, sous le contrôle tolérant de l'autorité.

*
* *

Deux amazones, l'une svelte et longue, l'autre
un peu râblée et bien assise en selle, sont
escortées, dans l'avenue des Champs-Élysées,
par un cavalier, dont la moustache blonde, délicatement hérissée, a l'air de mousser sur la lèvre.

Sous le ciel léger, les arbres aux feuilles
naissantes, grêles, se dessinent en linéaments
d'arabesques. Ah ! les printemps parisiens ! les
printemps dans cette féerique Avenue, dans cet
espace incomparablement grandiose, suprême-
ment élégant, qui se développe du Louvre cré-

nelé de statues, de la place du Carrousel, jusqu'à l'Arc de Triomphe se découpant sur le ciel comme la véritable couronne murale de Paris, jusqu'au Bois adorablement estompé dans l'opale des brumes du matin. Le printemps et l'automne sont les vraies saisons de ce paysage, lorsque la verdure à peine née ou déjà mourante laisse apercevoir les lignes superbes, gigantesques.

Quel panorama!

Les deux pavillons survivants des Tuileries encadrant un jardin et des pelouses et se tendant comme des bras vers le parc à la française, dont les vieux et chaque jour plus rares marronniers conservent la spécialité de donner (quelquefois très en retard!) le signal du renouveau.

Et la place de la Concorde, sous le soleil qui s'épand largement, donnant aux monuments lointains leur véritable et grandiose allure! Le mince obélisque lui-même, énigmatique pyramide finement allongée, que cisèlent les hiéroglyphes, prend un aspect saisissant. Les fontaines s'iri-

sent. L'ancien Garde-Meuble, la Marine aujour-
d'hui, et les hôtels qui lui font pendant, apparaissent comme des grand'gardes précédant la
Madeleine debout sur ses marches royales. Les
statues des Villes, noblement campées sur leur
piédestal de pierre aux angles de la place, de-
meurent sourdes aux tumultes du Palais-Bourbon
s'étalant au bout du pont sur ses marches démo-
cratiques, face à face avec la Madeleine, dont il
fut quelquefois l'allié, et plus souvent l'adver-
saire : pour la joie du philosophe parisien, les
deux édifices ont l'air de s'observer d'une façon
canine et féroce, comme s'ils étaient en faïence.

Les Chevaux de Marly, puis la longue enfilade
des Champs-Élysées, avec le Palais de l'Industrie
massif, le Cirque qui a l'air léger, non point à la
façon d'une écuyère dans un cerceau, ce qui serait logique, mais plutôt ainsi qu'un gâteau à la
crème. Et l'attitude encore ensommeillée de ces
marmottes de cafés-concerts, qui n'osent sortir de
leur torpeur qu'aux pleins jours d'été. Aux allées

d'arbres succèdent des plantations de maisons
somptueuses, que trouent de-ci de-là des magasins de carrossiers,
symbole de
ce chemin
équestre,
de

cette voie olympienne
qui mène à l'Arc de
Triomphe. Sur une face du monument, par
une ironie bizarre, semblant viser les nobles
cavaliers qui passent, la main puissante de
Rude a immortalisé la *Marseillaise*, ce chant
du peuple. De même, auprès de l'édifice épique,

sur la place de l'Étoile aux aristocratiques con-
structions, ce ne sont que populaires tramways
à vapeur, omnibus à trois chevaux, escaladés
d'assaut par la foule. En Paris, tout est contraste
et antithèse.

Mais, se retournant sur sa selle, et désignant
de sa cravache l'horizon jusqu'aux Tuileries, le
jeune cavalier à moustache s'écrie : « Est-ce
assez beau, cela ! »

Seulement les amazones, peu enclines à la
poésie sans doute, se hâtent de quitter cette
place de parcours banal pour gagner l'Avenue du
Bois, l'ex-avenue de l'Impératrice, et se trouver
enfin chez elles, dans le décor absolument
parfait, sans tare, qui convient à l'élégance
parisienne.

Comme, aux approches de la mer, on sent les
effluves salés, de même ici on a, par avance, la
perception des senteurs du Bois dans la printa-
nière atmosphère. C'est une sensation hybride,
où les parfums les plus troublants de la toilette

se mêlent à l'odeur mouillée des branches
verdissantes, au relent des mousses et des
gazons neufs.
Sur les deux

côtés de l'A-
venue, les vastes hôtels
se dressent comme des
châteaux de fées.

Tandis que, pour se faire maigrir, de « belles
madames » (dernière expression consacrée) bra-
vent les giboulées et font une promenade à pied

5

de l'Arc à la porte du Bois, suivies de grands
chiens danois ou de caniches noirs dont la patte
de devant est cerclée d'un bracelet d'argent;
tandis que des messieurs, en tenue du matin,
en jolis costumes venus de Londres, lorgnent
ou flirtent le long des massifs, le cavalier et les
amazones, envoyant des saluts de tête, ou distri-
buant des coups de chapeau, gagnent à un trot
régulier, anglais naturellement, la fameuse allée
des Poteaux.

On ne s'assoit point encore, en ces parages;
on marche, ou l'on chevauche. Le Club des
Pannés ne s'est pas encore constitué, ni le
Club de la Potinière. Les giboulées de mars, qui
durent parfois jusqu'en avril ou en mai, ne per-
mettent pas ces réunions, ces assises *plein-air*,
imitations, pour gens chics, du *forum* antique,
où l'on éprouve la plus grande des joies hu-
maines, qui consiste, au dire des mauvaises et
fines langues, à déchirer son prochain, non point
à belles dents comme le feraient des dogues

populaires, mais avec de mignonnes lèvres sur lesquelles le fiel devient un sourire.

* *

Par la Ville, des fillettes à peine écloses promènent les longs voiles blancs des premières communiantes. La neuve dorure de leurs paroissiens luit en leurs mains gantées. Leurs figures paraissent sombres dans le clair encadrement de leurs toilettes. Ce sont de petites négresses blanches qui passent le long des rues, et s'en vont, escortées de parents pieux, vers les temples larges, aux escaliers monumentaux, d'où elles descendent ensuite gravement, toutes roses d'émotion, avec un air de grandes personnes.

* *

Dans une avenue transversale, longue, fière, mélancolique, un corbillard paré de blanc descend de l'église Saint-Honoré d'Eylau, et s'en va vers l'Ailleurs. Des rideaux furtifs se soulèvent

derrière les fenêtres des petits hôtels ; des yeux
d'enfantelets regardent passer l'enterrement.

Mais on a vite enlevé, à l'église, les tentures
funèbres, car on va célébrer un mariage. Le tapis
s'allonge jusqu'au bord extrême du trottoir ;
des fleurs nouvelles, de printanières verdures,
s'étagent sous le porche. L'église, presque
campagnarde, risque un air plus distingué, plus
noble, rivalisant un moment avec Saint-Philippe-
du-Roule ou Saint-Thomas-d'Aquin, paroisses des
grands mariages.

La place, très moderne avec ses correctes
avenues, sa fontaine médiale, un café, une
boutique de vins et tabacs, un bureau des Postes
et Télégraphes, et l'incessant va-et-vient des
voitures Passy-Bourse, prend quelque chose de
patriarcal, de campagnard, de châtelain, à
posséder ce temple simple où tant d'élégances
viennent naître, s'unir, mourir.

Une giboulée, tombée en larmes rapides,
comme pour saluer le convoi qui part, se termine

en éclaircie, et du même coup balaie le ciel, afin
que le soleil fragile du printemps puisse sourire
aux deux jeunes époux, au moment où, debout
sur le seuil, en sortant de la cérémonie, au milieu
des parents et des amis, dans une envolée de
souhaits, ils attendront que leur coupé s'arrête
sur le bord du trottoir.

Une haie de bonnes gens est plantée sur leur
passage. Là, le patronet tout blanc de la pâtis-
serie célèbre qui fait le coin de l'Avenue, et aussi
le petit télégraphiste bleu foncé qui a lâché le
bureau voisin, se trouvent naturellement côte à
côte, étant l'un et l'autre, par définition et sur
un décret spécial de la Providence, délégués à
représenter la badauderie parisienne : aussi les
voit-on assister régulièrement, en inspecteurs
volontaires, très zélés, à toutes les cérémonies
publiques, à maints écrasements, à de nom-
breuses baignades de chiens, aussi bien qu'aux
mariages et aux enterrements; aucune saison
n'interrompt ce service des plénipotentiaires de

la Curiosité et de l'Indiscrétion : ni l'été, ni l'automne, ni l'hiver; et le printemps n'est point privé de leur présence. Le matin comme le soir, à six heures comme à midi, ils sont là. Valeureux patronets! Exacts télégraphistes! Heureux printemps parisien, qui voit l'éclosion de ces dilettanti, doux badauds artistes, mais bien mauvais pâtissiers et funestes porteurs de dépêches.

*
* *

Midi approche. Il n'est pas besoin que quelques horloges, avançant de plusieurs minutes sur les pneumatiques, aient déjà prématurément frappé leurs douze coups, il suffit que l'estomac parle en maître pour qu'on devine l'heure ; chacun s'efforce d'obéir à cette voix impérieuse qui crie à tous : Midi! midi! midi!

Et l'on voit se hâter vers des horizons culinaires plus ou moins riches, les êtres les plus tardigrades et les plus alourdis, redevenus soudainement ingambes.

Car le déjeuner appelle les grands et les
petits autour des côtelettes et des biftecks. Les
cochers vont bruyamment s'attabler chez le
mannezingue, tandis que la porte de l'Anglais
s'ouvre silencieusement devant des mondains à
allures de diplomates, et que la cohue des
employés et des provinciaux se rue sur les
Duval et sur les « prix-fixe ».

Il est Midi.

Midi sonne au plein soleil.

Quel délicat assembleur de rimes saura dire,
comme il convient, la poésie trop méconnue,
mais si réelle, du Paris d'été? Quel fabricant de
dithyrambes exaltera la chaude lumière dont
s'inondent les larges places et les avenues, tandis
qu'une ombre trouée de rayons tombe des platanes ou marronniers que M. Alphand, pareil à
un dieu sylvestre, sema partout, et que, au

meilleur profit des Parisiens, il a vus naître, grandir et s'empanacher de feuilles lourdes, de thyrses légers?

Qui donc décrira la beauté des lignes de monuments se détachant en vigueur sur un clair azur? Au lieu d'être noyées dans les buées, qui les rendent vagues durant les époques brumeuses, elles se dessinent par de solides et puissantes arêtes, tandis que les fines moulures, les détails ornementaux, prennent un singulier relief. Par certaines après-midi, on découvre enfin l'architecture parisienne, on se délecte à voir se découper sur le ciel Notre-Dame ou l'Arc de Triomphe, le Génie de la Bastille ou le Dôme du Panthéon, voire le Viaduc du Point-du-Jour; on peut saluer le Sacré-Cœur là-haut sur Montmartre, et les ailes, devenues délicates, du Moulin de la Galette. Il n'est pas jusqu'aux échafaudages des maçons qui ne sachent prendre, en la lumière épanouie, une allure, une façon de vivre par soi, de se transformer en ornements, en arabesques sur le bleu pâle ou foncé des étés merveilleux. C'est alors qu'on admire le nouveau Paris, cette floraison d'édifices nés depuis trente ans, qui n'ont pas toujours isolément une valeur saisissante, mais qui, ajoutés les uns aux autres en lignes indéfinies, forment un grandiose ensemble à perte d'horizon, dans la perspective. C'est de l'architecture nouvelle, non plus en ordre dispersé, mais par masses.

La fabuleuse Tour Eiffel, enfin dégagée de ses nuées pareilles à une emmitouflure de lourds vêtements, s'érige, en un treillis inextricable que fait frissonner l'atmosphère : c'est peut-être, il semble, rendue tangible, l'imaginaire mâture du symbolique vaisseau de la Ville. On croirait voir, subitement illuminés par les éclats d'un soleil aventureux, les vergues et les haubans du navire Paris, cinglant vers la gloire étincelante des astres, ayant pour voiles les nuages.

Honneur à la Lumière !

Les pâles statues de marbre, si frileuses,

hélas! racornies presque, et déshonorées par les
mousses noires de l'hiver, semblent se redresser.
Les Dianes de Falguière, les Hébés, et les
Apollons, — que la bise ratatinait, les transfor-
mant en pauvres diables dévêtus, implorant chez
d'improbables tailleurs pour dieux quelque vête-
ment chaud, un ulster peut-être, ou la moitié
du manteau de saint Martin, — les héros de
l'Olympe, sous le ciel désormais exempt de
nuages, dans l'atmosphère chaude, récupèrent
leur audace grecque. Les pures formes se
reconstituent ; dans les poitrines de marbre,
énergiquement soulevées, on sent passer le
souffle de vie si longtemps attendu. Pauvres
dieux marmoréens, exilés nus dans les squares,
le long des promenades gelées ! Enfin, ils renais-
sent : le triomphal sourire réapparaît sur leurs
lèvres. Tout ce peuple de statues ressuscite ; les
bonshommes en redingote, eux-mêmes, portent
beau sous le ciel ; Berlioz a moins froid dans le
square Vintimille, le geste de Gambetta au

Carrousel paraît plus énergique, le Diderot de Saint-Germain-des-Prés n'a plus l'air de quémander le secours d'un paletot fourré, contre la bise, à l'église voisine, son ennemie. Les grands hommes perchés sur les frontons du Louvre, débarrassés de leurs perruques de brouillards, de leurs shampooings de giboulées, reprennent leur véritable majesté. Que dis-je ? les sirènes de la place de la Concorde, les chimères de la fontaine Saint-Michel, même les vagues lions de l'Institut se remettent à croire à leur immortelle jeunesse de bronze.

*
* *

Sortant du café rechampi d'or, style Louis XVI, où il a, malgré une carte chargée des noms étranges d'une multitude de mets exotiques, mangé simplement deux œufs sur le plat et une côtelette aux pommes, à des prix fous, un Parisien s'arrête près d'un kiosque à journaux, et, tout en humant un cigare étranger, regarde passer

les petites ouvrières. Elles vont par groupes,
sombrement vêtues, sans chapeau, montrant au
soleil leurs cheveux, blonds, bruns, châtains,
tordus en casque sur le sommet de la tête, où
luit le peigne de celluloïd. Sous les regards des
allants et venants, les petites ouvrières sont
plutôt gouailleuses. Elles rient et se moquent,
joyeuses d'arpenter le Boulevard par un grand B,
elles qui habitent quelque lointain Belleville,
les Ternes ou la Villette. Après leur déjeuner
hâtif, elles viennent ainsi, durant de trop courts
instants, faire partie du décor mouvant, aux
Italiens ou vers les Capucines. Elles s'arrêtent
devant la boutique du bijoutier, afin d'étudier
la symphonie des ors et des orients, ou encore
la chanson rouge des coraux. Leurs jolis yeux
éveillés de faubouriennes gaies s'élargissent en
d'admiratives pâmoisons : « Oh! ma chère! le
beau bracelet! »

Le long des hautes maisons coule la lumière
crue. La grande banque solennelle s'azure des

taches mouvantes que font de bleus garçons de

recette.
Un peu
plus loin,
un svelte
clocheton,
espèce de   beffroi-
joujou, laisse voir l'heure qui tourne en cercle
sur son cadran, comme un écureuil infatigable.

Or, peu à peu, tandis que les petites ouvrières

retournent, rapides, vers la rue de la Paix,
dominée par Napoléon dieu de la Guerre, ou
vers la rue du Quatre-Septembre, ou encore rue
du Helder ou rue Taitbout, les vastes terrasses
des cafés s'emplissent d'oisifs et de buveurs.
C'est l'heure de la demi-tasse, de la fine cham-
pagne et de la chartreuse verte.

Cependant, au balcon d'un club, quelques
gentlemen, ayant étudié la cote des favoris du
Grand Prix, viennent, tout en regardant de haut
la foule, boire un coup de soleil.

*
* *

Aux abords des scintillants palais du Champ
de Mars une foule ruisselle. Sur le théâtre de
la grande kermesse de 1889, entre les trois
dômes, vis-à-vis desquels la Tour Eiffel ressemble à quelque quille gigantesque en proie
aux billes d'un billard fantastique, ce sont des
peintres, l'œil animé, la barbe en pointe, qui
circulent, animant ce paysage factice avec leurs

chapeaux à bords plats, leurs cravates molles
et les gestes rapides de leurs mains nerveuses
d'où semblent émaner des contours vagues et
de rapides croquis.

Pendant ce temps, les derniers survivants de
1889, les Russes, les Anglais, les Yankees, les
Espagnols — qui sont restés probablement au
Champ de Mars depuis l'époque bénie où l'on
put entendre la flûte de Pan retrouvée par
les Lautars, et voir les petits ânes de la rue du
Caire et la danse du ventre, — ces revenants de
l'Exposition se sentent invinciblement attirés par
la Tour, comme les oiseaux ivres vont vers les
phares allumés au-dessus des flots. On entend
un grincement plaintif : ce sont les ascenseurs
qui, pareils à d'énormes escargots, montent lentement, le long des fibrilles métalliques.

Et, jolie dans sa sveltesse filigranique, dans
son allure de feuillage de fer dressé jusqu'au
zénith, la Tour laisse passer de larges rayons
à travers ses branches. On dit que des artistes

7

ennemis la comparent à un tuyau de cheminée.
Tuyau de lumière, alors, et cheminée du Soleil!

*   *
*   *

Le Viaduc se hausse majestueusement sur
l'horizon, le viaduc du Point-du-Jour qui coupe
le ciel bleu par une promenade mirifique et
solennelle d'arches superposées. Sur la crête de
ce rempart, ouvragé comme une ferme de
théâtre, courent les trains au panache ondoyant.

En bas, sur la Seine large, et presque trop
étroite pour la multitude des agiles bateaux-
mouches et des remorqueurs traînant une
longue file de mornes chalands, voici un pêcheur debout sur son bachot, qui lance son filet
entre deux remous. Le bachot oscille, tangue et
roule, le flot le heurte de vagues contraires,
selon que les hélices des vapeurs fouillent à sa
droite ou à sa gauche, quelquefois simulta-
nément des deux côtés, la surface mobile du
fleuve. Le batelier laisse tantôt ses rames presque

immobiles,
au moment où le
pêcheur debout,
portant sur son
bras le lourd éper-
vier, va l'étendre sur
l'eau comme une
main, comme une
griffe plongeante; et
tantôt à petits coups pressés, mais faibles et non

brusques, il ramène la barque de façon à tirer
le filet en suivant doucement le courant. Le
pêcheur courbe sa silhouette et peu à peu
retire de l'eau suspecte de la Seine un butin
généralement illusoire. Du haut de l'île des
Cygnes, l'idole de la Liberté sculptée par Bar-
tholdi contemple le paysage, tandis que les
gros remorqueurs sifflent pour prier l'obstiné
pêcheur de ne se point faire submerger par
eux. Le batelier sourit, et d'un tour de rame
évite la proue, lorsque son compagnon agile
étale dans la barque les blancs poissons mêlés
à de noires épaves, qui ne sont autre chose que
les boues de Paris, invraisemblable nourriture
de ces poissons assez osés pour frétiller aux
environs du Point-du-Jour.

Sur la rive, près de l'ancien chalet Gavarni,
qui n'existe plus qu'à l'état de ruine, des êtres
dans des cahutes de bois se démènent, les uns
chantant, les autres dansant. Le maître Gavarni,
qui cherchait dans Paris non le paysage, mais

la scène, eût trouvé, là, bien des acteurs de
sa Comédie, dans ce bizarre méli-mélo, un
peu canaille, parfois idyllique, dont son crayon
aurait tiré la subtile essence parisiaque.

Un arome de sueurs et des fumées de
pommes frites s'éparpillent dans l'air chaud.
Des orgues de Barbarie font tourner sur un
rythme entraînant d'impassibles chevaux de
bois, qu'enfourchent des militaires accompagnés
d'amazones à cheveux roux noués d'une simple
faveur souvent fanée. Sur le bord d'un café
chantant peint en vert, sans doute par souci des
couleurs complémentaires, et à cause du voisinage des rouges sang-de-bœuf ou brique dont
se teignent les concurrents, apparaît une jeune
femme en rose, dont la figure anémique laisse
trop voir une bouche exagérément arrondie, d'où
sortent des clameurs aigres, aiguës, agaçantes.
Des gabelous en vert foncé, des employés des
bateaux-omnibus en noir et or, émaillent la
chaussée, tandis que deux hussards tout bleus

font une tache gaie sous la treille ombreuse. Une rue montante, une rue de falaise, grimpe derrière ce paysage et mène vers Auteuil, la ville grave, où jadis, paraît-il, on récoltait du vin, mais où, désormais, aux abords de la gare, piquée en sentinelle, non loin du champ de courses, on ne cueillait naguère que les paris mutuels. Or voici que, par ordre de police, la floraison du pari mutuel a été brusquement arrêtée, et le chœur des bookmakers et des bonneteurs répète tristement :

> Nous n'irons plus au bois,
> Les *paris* sont coupés.

*   *
*

Le mois de juin est arrivé : Longchamps attire la foule des cavaliers et des sportswomen. De la Concorde à l'Arc de Triomphe et au Bois, c'est le tumulte du Grand Prix. Le temps, qui le matin paraissait orageux et gros de menaces, s'est mis au splendide fixe sous un soleil ardent,

la file ininterrompue des voitures marche. La
poussière monte et tourbillonne sous les pieds
des chevaux. En vain les arroseurs ont ouvert

la bouche d'eau et promènent, comme un ser-
pent à roulettes, leur tuyau le long du trottoir;
en vain, s'étant mis en arrêt, le doigt sur la
lance, et, profitant du plus léger intervalle
entre les voitures, vaporisent-ils une eau chargée

d'arcs-en-ciel : une poudre jaune enveloppe ce paysage mobile de voitures et d'innombrables passants. C'est la grande fête de l'été. Les faubourgs, devenus subitement déserts, ont perdu leurs habitants. A peine, le long des murs, un passant isolé suit-il le côté de l'ombre ; à peine une cuisinière, obligée par son devoir de stationner à domicile, s'échappe-t-elle sournoisement, jusque vers le plus prochain marchand de vins, qui, ancien agent du pari mutuel, doit être encore suffisamment informé et lui dire si c'est le *français qui a gagné*.

Devant les cafés déserts, sous la tente qui pose une pénombre sur le trottoir, on voit éclater la blancheur solitaire du tablier d'un garçon supputant combien lui fait perdre cet exode des clients. Et il attend le retour, espérant bien se rattraper en comptant les consommations au delà du tarif et en « se trompant » quand il rendra la monnaie.

Or, sur cette série de voies triomphales qui,

partant de l'Opéra, mettent bout à bout le gai Boulevard, la sévère rue Royale, la Concorde marmoréenne, les Champs-Élysées en verdure, la place de l'Étoile pareille à un cirque de palais, l'avenue du Bois devenue trop étroite, le Bois que les foules emplissent de tumultes, tout un peuple marche vers Longchamps; tandis qu'en sens inverse, de Suresnes, de Saint-Cloud, de Versailles, un autre peuple ruisselle comme un fleuve débordé. Et subitement ce fleuve, ayant trouvé un lac assez vaste pour faire halte, devient une mer humaine, où roulent des têtes comme des vagues, où moutonnent des ombrelles et des chapeaux blancs, où tantôt bruit une houle sourde, et tantôt s'élève une rafale de cris, alors que les grands breaks, et les hauts mailcoachs ressemblent à des yachts à l'ancre, entourés par les voitures plus petites, analogues à des chaloupes. Les tribunes ont l'air d'une jetée s'avançant dans les flots, et la piste est pareille à une île de verdure au milieu d'une mer noire.

Au-dessus de cet océan monte une senteur forte, mêlée de tous les relents, et dominée par l'odeur des harnais et des cuirs que les chevaux ont mouillés de leur sueur. Parfois, un souffle d'air heureux que les poumons aspirent avidement, épand le baume des foins coupés, et les aromes attiédis qui viennent de la forêt.

Soudain un calme terrible, précurseur de l'orage, se fait sur cet océan de chair humaine. On voit dans l'île déserte courir subitement en cercle un effréné galop de chevaux montés par des cavaliers sauvagement bariolés. Et, alors, un tumulte grossissant s'élève de la mer humaine qui tressaille comme si des volcans souterrains l'agitaient, et bientôt, quand les cavaliers ont enfin atteint la jetée des tribunes, une clameur effrayante s'effare dans l'espace; les vagues de têtes, de bras et de jambes roulent en tourbillons; et, pris d'une soudaine folie, tous ces flots, tous ces fleuves, après être venus un instant battre de leur assaut la tribune présidentielle,

se mettent à remonter vers leur source dans un
inconcevable

tumulte.

Pendant ce temps,
la torpeur de la
brûlante après-
midi d'été s'étend
sur la ville.

Les arbres des
grandes avenues
défaillent dans
leur solitude, en
exhalant de
fortes
senteurs
sylvestres.   Toute la vie,
tout le cœur bat vers l'ouest, ce côté gauche

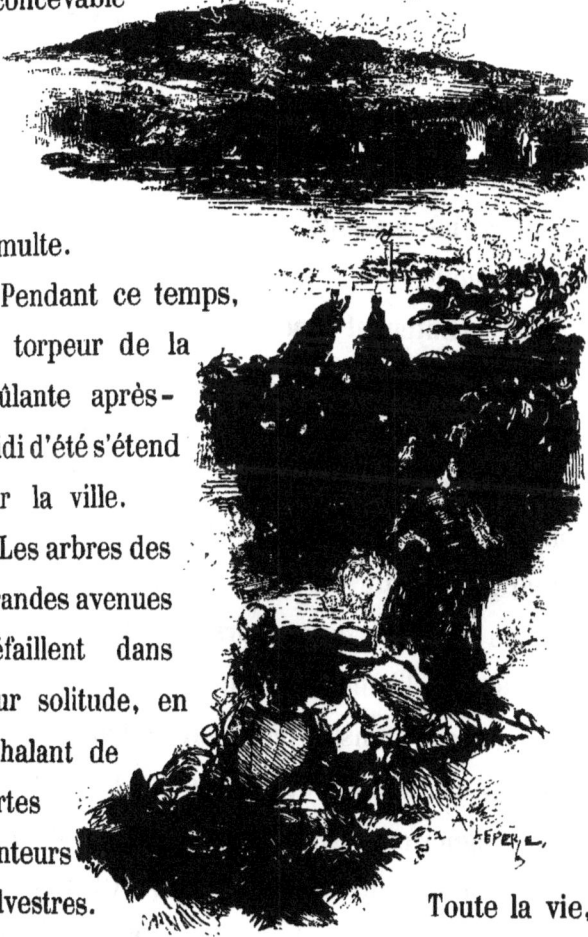

de la carte parisienne. Puis, après le Grand Prix,
tout à coup, dans une secousse, l'avalanche
des hommes et des chevaux, et la vision des
ombrelles rouges dans les voitures, et le
piétinement des foules pédestres, rendent la vie
à tous ces déserts, comme si le sang de Paris
ayant reflué brusquement au cœur, regagnait
les extrémités.

C'est maintenant une cataracte humaine qui
bondit et roule effrénée. Spectacle miraculeux!
Cascatelles lointaines des Pyrénées, torrents qui
nous invitez à grands renforts d'annonces à
vous aller voir, qu'êtes-vous auprès de ce
Niagara de voitures? Pour accentuer la vitesse
folle de tous ces beaux carrossiers pomponnés,
pour sonner l'hallali bizarre de toutes ces roues
de voitures transformées en soleils de feu
d'artifice par la hâte du revenez-chez-vous, pour
accompagner ces cavalcades, il faut une bruyante
musique de cirque, et c'est pourquoi les fanfares
des concerts éclatent sur les Champs-Élysées.

Sur le boulevard Haussmann, là où l'Opéra vu
de dos ressemble à quelque collège ecclésias-
tique, et peut-être à un sinistre bureau de
compagnie financière, un Anglais, s'épongeant
le front, se dirige péniblement vers le bar *select*
du voisinage pour baigner sa victoire ou noyer
sa défaite en des verres de *cocktail* glacé.

*
* *

Alors commence l'*exode parisien* que célèbrent
les chroniqueurs mondains, mais qui, malgré ses
apparences d'idylle maritime et de campagnarde
églogue, est, pour le sincère ami de la grande
Lutèce si brillante sous le soleil, un véritable et
damnable exil.

Que veulent-ils, tous ces Parisiens, en fuyant
leur chez-soi, leur cité qui, avec ses arbres, ses
boulevards, ses squares, évoque sous l'ardent
soleil l'idée d'une forêt résolue à désormais
habiter la ville pour se distraire de l'ennui des
champs? Pourquoi s'en vont-ils, si loin, afin,

dès la troisième journée de leur séjour, de
revoir Coquelin Cadet, Granier, Daubray, et de
rentendre Danbé et son orchestre? Quel besoin
de traîner, parmi des hôtels garnis, dans des
maisonnettes orgueilleusement appelées villas, le
regret du *home* délicat?

Bref! c'est ainsi; mais on pourrait, au sujet
de la villégiature estivale, imaginer une églogue
bizarre, une parabole exquise, parodiée — oh!
sans irrévérence aucune — de celle des Évan-
giles. Voici.

Ce serait l'histoire de l'Enfant prodigue, désertant les plaisirs de la séduisante capitale,
qui l'ont ravagé de cœur, de corps et d'esprit,
et mettent, pour ainsi dire, son escarcelle vitale
à sec, en l'anémiant et le névrosant; il s'évade
de sa Ville épuisante, de sa Maîtresse-Ville, le
pauvre Parisien prodigue, vers les champs et les
bois, les océans et les lacs, comme on s'en
retourne chez ses grands parents, lorsqu'on n'a
plus le sou. Il va revoir la maman Nature, le

bon vieux père Pan. Il s'écrie, avec moins de lyrisme que le poète, mais avec autant d'énergie :

« O notre père à tous, dieu Pan, je viens à toi!
« Fils prodigue, je viens me rasseoir sous ton toit,
« Ton palais de verdure étoffé d'oxygène!
« Chez les Parisiens j'ai supporté la gêne,
« Ayant trop dépensé du cœur et des poumons.
« Rends-moi mon sang parmi tes pins et goémons.
« O nature! forêts, clairières, étendues!
« Augustes profondeurs, vous m'êtes donc rendues!...
« Et toi, vieil Océan, aïeul des bisaïeux,
« Apaise tes fureurs pour tes petits-neveux!
« Qu'un phosphore vivant anime ton écume,
« Que tout souci s'envole emporté par ta brume!
« O vieillard, sois pour moi plus doux qu'Anacréon,
« Et, pour moi, fais chanter ta gueule de lion!
« Je veux prendre tes flots à pleins bras, et ma bouche
« Veut encore essuyer ton gai baiser farouche;
« Dans mes cheveux épars, je veux, vieil Océan,
« Éperdument sentir ton souffle de géant.... »

Et ils s'en vont; mais Paris n'a point peur; ne sait-il pas que ces fuyards, lassés bientôt du pot-au-feu de maman Nature et du veau gras

du père Pan, lui reviendront avec joie, comme
très certainement l'Enfant prodigue, après s'être
refait dans la maison paternelle, a dû — ce qu'a
oublié de dire l'Écriture, — repartir de nouveau
à ses amours folles, à sa vie joyeuse?

En attendant, les citadins s'échappent vers les
refuges peut-être agrestes, mais sûrement peuplés, qui s'appellent Trouville ou Vichy, Dieppe
ou Luchon, vers Cadet, Granier, Daubray, vers
Danbé et son orchestre, et plus d'un quartier
de Paris change soudainement de physionomie.
Les fenêtres, ces yeux des maisons, gardent
closes leurs paupières de persiennes. Cela produit sous la dure lumière des étés une bizarrerie
de cité morte, ou tout au moins l'aspect du
château de la Belle au bois dormant. Le vide et
le silence ensevelissent ces belles rues bordées
d'hôtels somptueux, dont les larges portes,
devenues portails de prison, ne gardent que
des solitudes, où les meubles se sont revêtus
de housses grises, le gris étant signe de deuil

pour les poufs, les sofas, les lustres et les glaces.
Les quelques voitures qui troublent seules la
quiétude des pompeuses avenues — qu'on peut
appeler *pompéiennes*, tant leur désert semble
majestueux, — les coupés qui sortent, comme à
la dérobée, gardent aussi leurs yeux clos et leurs
portières bardées d'une fermeture de bois. Les
oiseaux effrontés piaillent des chœurs joyeux
à peine interrompus, de temps à autre, par le
roulement d'un fiacre égaré. Quel voyageur pro-
blématique s'aventure ici? Que vient chercher
ce cocher maraudeur? Pourquoi ne va-t-il point
vers la rue Montmartre, ou le faubourg Saint-
Denis, que l'été n'a point dépeuplés? On ne peut
savoir dans quel but ce fiacre trouble la paix
estivale, dont jouissent les moineaux francs et
les hirondelles, parmi tant de belles maisons
désertes et silencieuses, dans la rue de Lisbonne,
les avenues d'Antin ou de Messine, ou encore
dans le quartier Marbeuf, parages subitement
devenus inhabités par décret du Bon Ton.

9

Et pourtant, d'où viennent au Parc Monceau tant d'hôtes de tout âge? Les abords de ce jardin coquet sont gardés par des hôtels farouchement semblables à de riches bastions, à des remparts sculptés ; mais, malgré ces murailles de solitude, toute une population se plaît sous les ombrages, près des statues blanches, près du temple antique, à respirer les effluves des fleurs, tandis que sur les gazons ras, d'un vert savoureux à l'œil, une lance d'arrosage éparpille des arcs-en-ciel dans une poussière d'eau.

Ces hôtes étonnants arrivent-ils du Marais ou de la place de la Bastille? Non, Paris n'est pas si dépeuplé que le feraient croire les volets fermés des palais endormis. Il existe dans le faubourg Saint-Honoré, comme dans la rue du Rocher, un peu partout, des maisons à six étages ; c'est de là que sortent ces mères qui brodent, ces bambines qui sautent à la corde, ces petites bonnes jouissant d'un des plus jolis parcs du monde et même de Paris.

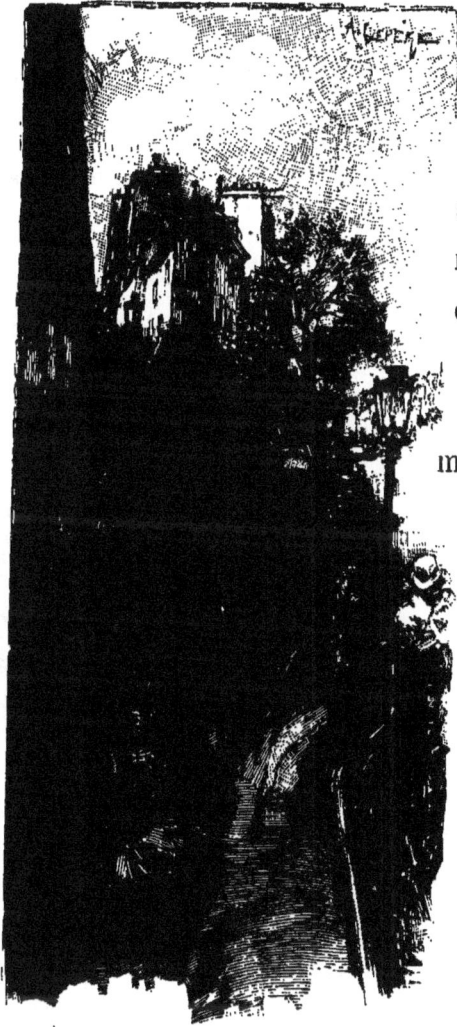

Au centre
de la ville,
vers ce vieux
décor pari-
sien qui se
nomme la rue
de la Lune, les
bébés friands,
et même leurs
mères, dévorent
la chaude
brioche euro-
péennement
célèbre, et de
qui le fumet
s'épand jus-
qu'à la porte
Saint-Denis ;
non loin du
café connu
où naguère se

réunissaient les *m'as-tu vu*, les comédiens de province en quête d'engagements : c'est, malgré l'été, le brouhaha du perpétuel encombrement.

D'ailleurs, si l'on examinait attentivement les persiennes de certains entresols clos, ou de quelques rez-de-chaussée, on pourrait y découvrir l'œil angoissé d'un prisonnier volontaire qui veut faire croire, pauvre *snob*, qu'il est aux eaux, tandis qu'il attend la nuit noire pour pouvoir respirer. Oh! non, malgré le *cant*, tout le monde ne quitte point Paris durant l'été!

*
* *

Les grands amateurs des forêts pseudo-sauvages et des parcs anglais sont heureux à Paris pendant la chaude saison.

C'est le bois de Boulogne qui leur offre sa ravissante nature où la nature n'est pour rien, son paysage artificiel où les arbres admirablement imités sont peut-être repeints chaque nuit par des artistes engagés exprès, où les fauvettes

sont sans doute mécaniques et remontées tous
les matins par le chef des chœurs de l'Opéra,
tandis que les cygnes parfaitement articulés vont
sous les ordres du machiniste du Châtelet. C'est
un mélange exquis et inextricable de faux et de
réel comme serait un paysage peint de main
de maître. On pourrait le signer d'ailleurs, et
ce serait justice, *Haussmann direxit* (de l'Académie des Beaux-Arts).

Et, juste à l'autre bout de Paris, aux Buttes-
Chaumont, les familles et les enfants du peuple,
les artisans jouissent aussi d'un paysage singulier.
Dans un espace de quelques arpents, voici des
montagnes, des plaines, des grottes, des cas-
cades, des falaises, un pont suspendu, un temple
de Vesta.... Et cela prend un air factice d'œuvre
d'art très voulue, très poussée, *Alphand pinxit*
(également de l'Académie des Beaux-Arts).

Et, plus loin encore, sous l'ombre sévère du
donjon que hante l'ombre du duc d'Enghien,
c'est le bois de Vincennes, où le plumet rouge

des artilleurs pose sa tache parmi les verdures. Le lundi, une étrange floraison de papiers gras indique que la récolte du saucisson et du jambonneau a été fructueuse la veille. Sur les lacs paisibles de légers bateaux emportent la robe blanche des dernières grisettes qu'on ne trouve plus qu'entre Saint-Mandé et Joinville-le-Pont.

Mais le peintre de marine a bien d'autres sujets d'études. Près d'une barrière en rotonde, une des plus étranges élucubrations qu'un architecte ait jamais conçues, voici le bassin de la Villette, où virent les bateaux venus peut-être jusque-là du lointain Océan.

Un peu plus loin, le canal Saint-Martin épanche ses eaux d'écluses en écluses. Et, afin que Paris justifie son surnom-cliché de « Babylone moderne », voici des « jardins suspendus » au-dessus du canal. On n'attend plus que Sémiramis.

* * *

Ah ! l'on prétend que Paris n'a plus de Pari-

siens. Eh bien non, c'est un pur paradoxe. Non,
ce ne sont point seulement les clients de *Cook
and C°* qui, vêtus bizarrement, casqués de chapeaux risibles et armés de jumelles, émaillent
les places et les rues ou traversent les Champs-

Élysées et les Tuileries, refuges à ces heures
des *nounous* et des *babies*. Ce ne sont point seulement les étrangers dont le flot bat le boulevard
apportant des *yes*, des *si* et des *ya*. Certes, ils
sont innombrables ces étrangers, venus des
quatre points cardinaux afin de humer l'air de
Paris; mais ce ne sont point ces hôtes qui feront

la foule, le 14 Juillet, eux qui danseront sur
les avenues, ni surtout eux qui iront saluer
l'Armée, à la grande revue de la Fête nationale.

Dans ce même décor du Grand Prix, à Longchamps, déferle une marée où le rouge et l'or
dominent. Cavaliers, fantassins, artilleurs couvrent
la pelouse, immobiles, et encerclés par la tache
noirâtre que font les milliers de spectateurs.

Après que le premier bataillon de France,
Saint-Cyr, est passé, le défilé commence. C'est
dans ce cirque immense que dominent les
hauteurs de Meudon, de Saint-Cloud et du Mont
Valérien, une grandiose fête des yeux, une houle
de couleurs, dans le cliquetis des armes, dans
le roulement des canons, parmi des rafales de
musiques militaires, et les bravos enthousiastes
des multitudes, heureusement chauvines.

Et, derrière le dernier fourgon de l'intendance,
la foule, toujours pareille à quelque fleuve in-
quiet, déborde vers la Ville. Quelques heures
plus tard, cette foule, houleuse autour du feu

d'artifice, sera elle-même un des plus curieux
paysages de Paris : la grande marée du peuple,
et, au retour, l'engouffrement, — parfois fatal, —
dans la rue Royale, de ce *mascaret* humain qui
menacera de submerger le boulevard, mais qui,
cependant, paisible, s'éparpillera en torrents
rapides par les rues et les avenues illuminées.

En attendant le soir, tandis que ces masses
courent, sans lassitude avouée, vers les bals en
plein air, des Parisiens de Suresnes, de Saint-
Cloud ou de Ville-d'Avray, jettent, en passant
à Puteaux, un coup d'œil émerveillé sur le
panorama de Paris. Le compartiment du wagon
semble subitement transformé en quelque idéale
loge pour un féerique spectacle : au premier
plan le Bois, et derrière, au-dessus, toute la
Grand'Ville étalée, ruisselante de lumière, avec
ses tours, ses dômes et ses collines que baigne
une buée irisée de gloire, dans de la poussière
étincelante, et de la fumée légère comme un
voile de dentelle.

10

Le plus sceptique Versaillais se sent ému, et
les Anglais eux-mêmes n'osent plus vanter outre
mesure les parages exquis des environs de
Londres, au bord de la Tamise, à laquelle le
fleuve Seine n'a rien à envier.

*
* *

Vers les ponts, sur la berge, des arbres sub-
sistent encore, de-ci de-là, pour protester contre
l'ensevelissement de la Seine entre des murailles
de pierre. Des gens font baigner des chiens. Un
bâton tournoie, puis s'abat dans l'eau, tandis
que d'un bond l'animal se jette, et, poussant de
légers cris de plaisir, va chercher *la canne à bon
maître.*

Plus loin, des clameurs, des rires bruyants
sortent d'un bateau de bains froids, dans un
clapotis d'eau. Une brise soulève de temps à
autre la toile flottante qui sert de toit et empêche
heureusement le Soleil-Apollon de voir les torses
grêles ou les gros ventres grouillant en des flots

dépourvus de limpidité. Chacun prend son plaisir où il le trouve : les belles plages de la mer sont si loin! Ici, on peut avoir la ressource de passer dans   la case des bains chauds,   quand

le

bain

froid laisse sur la peau trop de souillures.

Eh! Seigneur! pourquoi donc mépriser ces baignades dans la purée de Seine?

Bast! cela met quelque fraîcheur dans les

poumons. D'ailleurs ceux qui viennent ainsi sont des aquatiques, des tritons parisiens.

* *

Mais le Paris d'été possède également des montagnards qui aiment à respirer sur les hauteurs, n'ayant au-dessus d'eux que le ciel, et, tout autour, le vaste horizon. Ce club alpin de Paris ascende les pentes de Montmartre. *Excelsior!* Comme on va aux Grands-Mulets ou au couvent du Saint-Bernard, les alpinistes parisiaques s'élancent vers le Moulin de la Galette, cette apparence de moulin qui n'a plus à moudre que des airs de valse, et où le tic-tac de la meule est remplacé par le tripanpan des polkeurs enragés.

Par les rues à pic et par les raides escaliers qui se dressent comme des serpents rayés sur les flancs de la Butte, des rapins fantasques grimpent et redescendent, dans ce pays de montagnes, où les rez-de-chaussée d'une rue surplombent les toits de l'autre. Ils regardent

l'église du Sacré-Cœur, dont la masse puissante
luit sous le soleil, avec des airs de forteresse
sainte. Eux vont tout là-haut, sur la plate-forme
du Moulin. Soudain, leurs rires cessent en con-
templant l'immense Paris bouillant de chaleur,
exhalant des buées pareilles à une sueur de
monstre, et rugissant dans un effort de travail
ou de plaisir. Les clochers et les tours se
hérissent, comme des hampes sans drapeau;
les dômes se courbent, ainsi que des boucliers
énormes : ils semblent gésir sous le soleil qui
les frappe. Et, avec de grands gestes d'artistes,
les rapins admirent ce panorama gigantesque.
D'autres comparaisons surgissent encore devant
cet océan de toits que l'on découvre à perte de
vue; cet océan où, pareils à des phares diurnes
et à des télégraphes optiques, luisent toutes les
lucarnes des mansardes, tous les vitrages de
peintres et de photographes; tandis que les
cheminées se dressent comme des mâts immobiles dans le temps calme, et solides, mais

auxquels parfois les vibrations de la chaleur forte
semblent donner un vaporeux et invraisemblable
balancement.

— « A toi, Paris ! reine des cités et du pittoresque ! » s'écrie un poète enthousiaste.

> « Planons au pays des oiseaux,
> « Buvons les brises effrénées,
> « Tandis qu'à nos pieds, dans les eaux
> « De tes houles bituminées,
> « Roulent les foules obstinées,
> « O Paris, dont les cheminées
> « Ressemblent aux mâts des vaisseaux ! »

Montmartre et son légendaire Moulin de la
Galette ne sont pas les seuls grands observatoires
que doivent atteindre les fiers alpinistes de
Paris. Les tours de Notre-Dame, avec leurs
mystérieuses charpentes, la lucarne du Panthéon, ou la colonne de la Bastille, peuvent leur
offrir quelques salutaires enjambées, et aussi,
là-haut, de remarquables panoramas ; mais
l'Arc de Triomphe se trouve mieux placé pour
offrir une vue inoubliable, prestigieuse.

Cependant la Tour Eiffel l'emporte sur eux tous. Une ascension pédestre jusqu'au deuxième étage initie le pionnier aux gymnastiques joies des Alpes, et, quand enfin parvenu au faîte de cet Himalaya parisien, le touriste jette un regard circulaire, il peut se vanter que Néron lui-même, l'impérial artiste, envierait son sort, si, dans l'autre monde, ce tyran dilettante sait encore avoir des désirs impossibles.

*
* *

Après les ascensions, les descensions.

On sait que de hardis investigateurs profitent de l'été pour explorer les *causses*, les cavernes souterraines du Tarn. Au péril de leur vie, ils vont, heureux d'ajouter le kilomètre au kilomètre de caverne, de boyau souterrain.

Paris, — la plus belle des villégiatures, — offre, lui aussi, l'exploration infra-terrestre, tous les jours, et qui plus est, dans des conditions particulières d'agrément et de confortable.

Voici des marches, enfoncez-vous sous la terre.
Vous entrez dans les égouts. Éclairés par des
lampes, commodément assis sur des wagonnets
que poussent de solides équipes, signalés au
passage par le son des cornes, vous cheminez
pendant une longue série de kilomètres souterrains; sous vos pieds coule le torrent microbi-
gère qui, de chaque côté, reçoit les affluents.
On arrive au grand égout, le Styx, le vaste
fleuve sur lequel descend, lente, la barque-vanne,
conduite par un Caron municipal.

Et quelle grotte naturelle vaut le réservoir
de Montsouris, avec ses deux étages de lacs
portés par trois mille six cents colonnes?

Si, de hasard, vous préférez quelque exploration plus émouvante, on vous ouvrira, au
Val-de-Grâce, la porte qui mène aux Catacombes.
Parmi des piliers croulants, que hantent des rats
gigantesques, vous rêverez au sort des premiers
chrétiens, lesquels, au dire des employés de
l'octroi, sont désormais remplacés dans ces

demeures souterraines par de hardis et insai-
sissables contrebandiers.

* *
*

Laissez-nous donc habiter Paris l'été, ô forcenés
apôtres des stations et des plages, excursionnistes
impénitents qui allez chercher bien loin ce qui
est là sous votre main. Nous avons déjà les cimes
et les profondeurs, or voici la marine : les régates
de Billancourt et d'Asnières sollicitent nos longues-
vues, tandis qu'une escadre que n'épargne pas
toujours le suroit ni le noroit, évolue sur le bassin
des Tuileries, rappelant la flotte que Gulliver
enleva de Blefuscu.

* *
*

Au coin de la rue, se dresse un échafaudage :
on fait sortir de terre une maison naissante.

Là-bas aussi, dans un pittoresque désordre,
des fondrières se sont creusées partout, au
centre de la chaussée encombrée de pierres

11

et de gravats noirs sentant le gaz, que des
terrassiers lancent à pleines pelles.

Qu'est-ce encore que ce gâchis? Est-ce
l'électricité qui réclame une place nouvelle?
Est-ce un tube pneumatique, une conduite d'eau,
un égout? On dirait une barricade, et le philosophe constate que Paris n'est pas une ville
morte — ah! certes non — puisqu'il n'est même
pas encore une ville terminée.

Qu'importe? L'été resplendissant enjolive de
son irradiation les gravats noirs et les pierres, et
le sable tumultueusement rejeté hors des trous
profonds. Le passant sautille en souriant parmi
ces fondrières ou ces monticules. Il en sera
quitte, avant de sonner à la porte voisine, pour
chasser à coups de mouchoir la poussière de
ses souliers.

*
* *

Cependant, au milieu des jardins, Tuileries ou
Luxembourg, s'est amassée une foule un peu

provinciale d'aspect, mais bonne et réjouie. On
voit·là de jeunes mères, que lorgnent
les employés sortant de leur bureau.
Soudain, la fanfare éclate : les
cuivres et les bois de la musique
militaire. Le
chef agite
son bâton
comme s'il
sabrait des
fausses
notes ima-
ginaires.
De toutes les
clarinettes,
de tous les
bugles, de
tous les
les
des

pistons, de tous
sax, on entend sortir
bouffées de *Zampa*, de
la *Favorite* ou de *Guillaume Tell*. La foule, très

recueillie sur les premiers rangs des chaises et
sensiblement moins à mesure qu'on s'éloigne,
écoute ; quelques-uns battent doucement la mesure avec la tête ; une joie naïve et douce monte
de ce peuple de dilettanti bourgeois vers les
petits oiseaux, parmi les feuillages. Sous un
arbre, où quatre chaises se sont réunies,
s'ébauche, en une idylle où *Faust* et la *Traviata*
sont pour beaucoup, un prochain mariage.

Le *Pas redoublé* ou l'*Allegro militaire* final
jette, pour adieu à ces foules paisibles, des
sonorités de guerre, et quelque chose d'héroïque
vibre en elles soudainement, sous le ciel brillant
comme une victoire. L'idylle s'est compliquée :
le fiancé rêve encore à son prochain mariage,
mais aussi à ses examens pour le grade d'officier territorial. O effet des musiques militaires !

*
* *

La gare Saint-Lazare attend sa provende habi-
tuelle de voyageurs. Pareille à une ogresse, elle

ouvre ses dix portes ainsi que dix gueules
·voraces, pour dévorer joyeusement les Parisiens
qu'affolent les villégiatures.

C'est une course effrénée de piétons et de
voitures, tandis que les cafés s'emplissent de
consommateurs hâtifs, qui ont l'air de jeter vers
le ciel des regards en détresse, et, simplement
inquiets du départ, consultent l'heure des deux
pendules.

Les uns vont à Trouville, d'autres au Havre.
Mais combien s'arrêtent à Saint-Germain ou Mai-
sons-Laffitte? Combien iront à Bois-Colombes ou
Asnières? Qui sait même si la plupart ne dé-
barquent pas à Batignolles? Ils portent tous de
petits paquets et souvent des fleurs dont man-
quent les campagnes, obligées de s'approvisionner
de roses à Paris.

Le vaste édifice leur présente ses larges
escaliers; le mastodonte les absorbe, eux et
leurs colis, avec insouciance, sans nul remords;
il sait bien, ce chemin de l'Ouest, monstre

débonnaire, qu'il .finira par nous les rendre, quand viendront les. buées automnales.

Dans tout cet éclat de l'été, rayonnant sous le soleil avec des teintes exquises, dans une allégresse exubérante de vie, il est un paysage très simple et très compliqué, exquis parce qu'il ravit les yeux, et douloureux en ce que l'on ne peut le contempler à loisir et que, mobile, il s'éloigne, laissant le regret de toute chose charmante qui fuit. Paysage vivant, où toutes les couleurs blondes et bleues, roses et brunes, et le blanc laiteux, viennent animer d'ondoyantes lignes. Et ce paysage parisien, merveille que l'été exalte plus qu'aucune autre saison, chef-d'œuvre chanté par les poètes, analysé par les philosophes, désespoir des peintres et des moralistes, hallucination permanente du passant, c'est... la Parisienne, qui va souriante, la jupe ramassée dans un geste inimitable laissant voir à la fois le pied cambré et le poignet cerclé d'un ancien signe d'esclavage devenu symbole de triomphe.

Et de tous ces bracelets unis mystiquement les
uns aux autres est fabriquée une des chaînes
qui traînent le vaisseau de Paris.

Paris! ville douce aux femmes et caressante,
qui semble éterniser leur été et reculer pour
elles d'une façon galante et prestigieuse les premières menaces de l'automne!

Il est, en des quartiers immenses de Paris,
— d'un Paris lointain, au delà des gares, aussi
loin que les cimetières, — de vastes avenues,
quatre fois plus larges que le boulevard des
Italiens, avec une double rangée d'arbres de
chaque côté, s'alignant à perte de vue. On dirait

12

des voies de triomphe sur lesquelles, ô malice
du destin! ne passeraient que des tombereaux
chargés de terre ou ces fardiers portant de
tintamarrantes ferrailles qui battent l'air d'un
bruit assourdissant, d'une clameur métallique.
Sur les spacieux trottoirs, les passants — peut-
être nombreux, qui sait? — semblent perdus,
et ne sauraient constituer une foule.

Les marronniers se recroquevillent, essaimant
déjà leurs feuilles dont les cinq pointes pareilles
à des doigts crochus ont l'air de griffer la terre
qui veut les prendre; mais, plus fiers, les platanes résistent encore et portent beau, bien que,
à vrai dire, on les sente déjà atteints, fanés,
proie prochaine de la première bise.

Une mélancolie, presque une tristesse, s'exhale
de toutes choses dans ces quartiers immenses,
si lointains, où le Parisien se croit perdu, où il
ne comprend pas que des êtres puissent vivre,
où il suffoquerait d'ennui lourd, où des pensées
désolantes l'assaillent, rien qu'à voir passer sous

le ciel bas et triste, dans la lumière défaillante,
quelquefois sous des torrents de pluie, les derniers enterrements gagnant, peu suivis, hélas!

les cimetières suburbains.

Il aperçoit des maisons multicolores : une jaune, une rouge,
une verte, une bleue, une violette,
une orangée. C'est le triomphe de la
polychromie dans l'architecture. Certes, ces
pauvres demeures, bâties à la hâte, on ignore
avec quels matériaux invraisemblables, donnent
l'amère sensation qu'elles enferment des chagrins

plutôt que des joies ; mais elles ont eu raison de
se barioler d'étrange sorte, de se farder, d'es-
sayer de se faire joyeuses, le long de ces avenues
triomphales, excessives, et navrantes.

Ainsi agit l'automne qui prend les tons les plus
chauds pour maquiller la décadence de la belle
saison. Sa mélancolie se change en attendrisse-
ment ; la joie des yeux l'emporte sur la vague
tristesse du cœur.

D'ailleurs, Paris semble renaitre à l'heure de
l'automne. Une jeunesse lui revient, non seulement la jeunesse retrouvée par les Parisiennes
qui sont allées à la fontaine de Jouvence, sur les
plages, dans les montagnes et aux champs, mais
la jeunesse sans épithète, celle que le vieux
Luxembourg revoit, lorsqu'il perd ses premières
feuilles. Près de la fontaine Médicis, dont les
guirlandes de lierre encadrent la tragédie du
Polyphème énorme et noir surprenant Acis et
Galatée blancs, souples et nus, les étudiants
anciens pilotent les nouveaux. Des jeunes hommes

à barbes en pointe et à moustaches victorieuses
expliquent ce symbole à des adolescents dont
les joues s'honorent à peine d'un duvet innocent.
L'un d'eux dira : « Craignez l'amour, car, sous la
forme atroce de Polyphème, mille maux vous
menacent ! » Mais un rêveur, regardant l'automne qui paillette de feuilles rousses l'onde
claire du bassin, murmurera : « Non, non ! aimez,
tant que dure votre jeunesse ; moi qui vieillis...,
j'ai vingt-cinq ans, hélas ! déjà !... je vous le dis,
comme M. Renan vous le dirait, aimez, profitez
du printemps, car le vieillard Hiver vous guette ! »
Un railleur ajoute : « Alors, mes chers amis,
conspuons Polyphème !... »

*
* *

Quel est ce phénomène étrange ? Quelles sont
ces feuilles carrées, polycolores ? Chute inattendue
et artificielle ! Elles se collent aux murailles, aux
palissades, le long des maisons. Soudainement,
sous cette avalanche, les soubassements des

monuments disparaissent; les larges marches de
l'Opéra lui-même, naguère encore couleur de
pierre grise, sont subitement teintes en jaune,
puis en bleu, puis en rouge, et, au hasard de
la bourrasque, de nouveau en jaune, derechef
en bleu, et momentanément en rouge. Quand
le repos s'établit entre deux de ces averses
bizarres, pour peu de temps hélas! on croirait,
dans ce bariolage, voir un accès d'eczéma,
maladie spéciale à la peau des édifices. Or,
c'est simplement la poussée des affiches élec-
torales. Paris va voter dimanche. Et, la semaine
prochaine, il ne restera de cette tempête de
papiers qu'un lambeau oublié de-ci, de-là, sur
quelques portes condamnées, jusqu'à la prochaine période de scrutin brusque et inflam-
matoire.

*
* *

Les chasseurs suivis de leurs chiens montent
et descendent les larges escaliers des gares.

Ceux qui s'en vont, l'air faraud et avec des
allures de héros destinés à faire d'innombrables

victimes non seule-
ment parmi le gibier trop
rare, mais aussi dans les cœurs féminins, — à
l'instar d'une estampe de Rudaux, — gravissent

les marches d'un pas conquérant. Ceux qui
reviennent portent en bandoulière dans leurs
carniers gonflés les victimes mortes de leurs
fameux coups de fusil : dans leurs yeux est la
fatigue des bois et des champs arpentés tout le
jour en file de tirailleurs. Ils se sentent bien
aises, ces Nemrods parisiens (ô cliché!), après
avoir oscillé sur des mottes de terre et de vieux
sillons desséchés, parmi les terrains mal rabotés,
de reposer un peu leurs bottes jaunes sur l'asphalte uni et sûr. Toutefois, ils n'en témoignent
rien, cambrant au contraire leur victorieuse
allure dans leur veston de chasse, redressant
la tête sous leur chapeau de feutre mou. Ils
prennent du temps pour héler un fiacre, amusés
à former des groupes sur les marches. Un pho-
tographe passerait par là qu'ils attendraient,
courageusement, immobiles, la sensibilisation du
gélatino-bromure appelé à immortaliser leurs
sauvages attitudes de tueurs de lapins.

Plus timides, descendent aussi les pêcheurs à

la ligne, qui, dès l'aube, sont partis vers la banlieue, vers la Seine ou la Marne. Ils exhalent une
fâcheuse odeur de poisson et de vase ; aussi se
hâtent-ils de se dissimuler au fond d'une voiture.
Dans leur filet plus ou moins garni, le dos
bleuâtre, le flanc d'argent des poissons, luisent
par instant avec de frétillants aspects.

Dans la cour de la gare, les voitures rangées
à la file montrent les couleurs distinctives des
verres de leurs lanternes : bleues, jaunes, vertes,
rouges, blanches.

Le dernier chasseur, demeuré debout, attend.
Une voix de rogomme, venant d'un fiacre à lanterne verte, lui crie : « Voilà, bourgeois, pour
Grenelle. » Mais lui, hautainement, riposte : « Je
ne suis jamais fatigué, je marche ! »

Et il s'en va, seul, sans chien, vers le Boulevard. Cet homme a sans doute grand soif, ou
faim ; peut-être quelque désir, suscité par l'haleine des forêts automnales, le hante ; mais il
se doit à son orgueil héroïque ; il ne veut pas

13

avoir l'air pressé : un véritable Nemrod ne saurait monter en fiacre.

* *
*

Du haut de Notre-Dame, dans le demi-jour languissant, Paris apparaît énorme, avec des trous d'ombre et des îlots de lumière. Pourquoi évoquer ici, perpétuellement, Quasimodo, Claude Frollo et tout le Moyen Age? Pourquoi comparer l'ancien Paris au nouveau? Pourquoi ce paradoxe romantique de Hugo nous voile-t-il le panorama moderne, qui est là vivant, miraculeux, indescriptible? A la périphérie de Paris, s'estompent dans la brume les hauteurs du Père-Lachaise, des Buttes-Chaumont, de Montsouris ou du Mont-Valérien, de Meudon ou de Montmartre : les monuments et les masses d'édifices prennent des proportions outrées. Voici, au centre, dans le clair-obscur qui commence en bas, la noire place Maubert, où des camelots infimes se livrent à la cote étrange et très spéciale des bouts de cigares et des résidus de pipes : bourse de misère mal odorante. Et partout l'ombre tournoie comme au fond de vastes puits où roulent des mystères. Mais tout à coup, des serpents bizarres, surgis peut-être de ces initiales ténèbres, se tordent dans la lumière supérieure, élargissant ou allongeant leurs monstrueuses formes, s'attaquant les uns les

autres, s'enroulant, se confondant, formant de
singulières hydres à une seule énorme tête et à
plusieurs queues plongées en de vagues abîmes,
en d'imprévus et sournois marécages.

C'est tout simplement, par chaque bouche
de cheminée, la fumée des dîners parisiens
qui monte et se balance sous la brise.

*
* *

Mais c'est d'en bas qu'il faut voir la chute
du jour. Descendons du paradis et, vers la
pointe Saint-Louis, prenons un fauteuil d'orchestre pour mieux contempler la féerie, puis
nous irons vers le Pont-Neuf suivre en sa marche
déclinante l'artistique et pictural soleil d'automne,
le Lavastre des grands décors.

Oh! l'Ile Saint-Louis, où tant d'artistes et
de penseurs ont aimé rêver! En amont, c'est
la Seine, large comme un vrai fleuve, avec la
série des ponts, des berges et des quais jusqu'à
Bercy, jusqu'aux gares lointaines. Et circulaire-

ment, d'amont en aval, ce sont l'Hôtel de Ville et les chevaliers de son fronton, vêtus de lumière, la Tour Saint-Jacques avec un diadème de feu, Notre-Dame dont le chevet s'assombrit, sous son horloge qu'on voit petite comme une montre de femme, et la Cité qui évoque les vieux souvenirs dans la paix de ses rues étroites : c'est la jonction des deux bras de la Seine. Paysage ovalaire d'aspect grandiose, cirque où l'on songe aux anciens combats du vaisseau symbolique de Paris contre les invasions des pirates. Paysage d'aspect à la fois intime et riche, quand on se souvient que là, porté par les eaux, fut le berceau de notre énorme et toujours grandissante Lutèce.

Il est au moins un œil pour jouir de ces visions et un crayon pour les guetter et en donner la sensation à ceux qui ne savent point voir. Au premier plan, cette fenêtre ouverte est celle de l'atelier d'Auguste Lepère, l'artiste amoureux du vivant Paris.

Mais sur le Pont-Neuf maintenant, le spectacle mouvant s'anime. Il faut s'y arrêter.

*
* *

Le soleil décline vers le Point-du-Jour (ô ironie des noms !), n'éclairant plus qu'une moitié du dôme des Invalides, dont l'or rougit, tandis que de minuscules nuages, pareils à des serviteurs pressés par l'heure du service, se hâtent de quitter leur tenue grisâtre pour revêtir des livrées roses, ou vertes ; les nuages aux teintes pourpres ne viendront que plus tard. Le vitrail de Notre-Dame flamboie, tandis que la tour de l'Horloge, au Palais de Justice, se plonge déjà dans le sombre, et que la pointe seule de la Sainte-Chapelle s'illumine encore, comme un glaive damasquiné taché de sang. Les palais d'alentour gardent obstinément à leur faîte une radieuse couronne. Sur le fleuve, les bateaux-mouches semblent tracer leur sillon dans du métal en fusion, parmi la longue traînée lumineuse que

laisse derrière elle la queue du soleil, devenu un
instant comète. Saint-Germain-l'Auxerrois sonne
une prière
que n'en-

tend point la
foule affairée, mais
que religieusement écoute
la Colonnade du Louvre.

Or, le spectacle est plus loin.

Du haut du pont des Arts, le rêveur que nulle
voiture inquiétante ne vient troubler peut se
laisser bercer par ces harmonies plus belles ici

que dans nul paysage au monde. Fière, la
Galerie du bord de l'eau illumine par reflet
ses brillantes fenêtres, comme pour saluer la
dernière royauté qui reste, le vrai, le seul roi
Soleil. De-ci, de-là, sur la rive gauche, tout en
boudant un peu, quelques vitres s'allument.
L'Institut lui-même étale une grande raie rou-
geâtre, d'ailleurs vite effacée.

Soudainement, là-bas, une ville orientale apparaît. La Tour Eiffel se profile comme un pal
immense. Les deux minarets du Trocadéro, in-
cendiés, reflètent des flammes. Le ciel, au-dessus,
prend des teintes vert d'eau, vert émeraude, ou
vert absinthe, tandis que les nuages gris-bleu ou
roses laissent leur place à des nuages rouges
qui, s'évadant à droite et à gauche, s'allongent
en *stratus*, et, pareils à des épées flamboyantes,
gardent la porte du couchant.

Un instant le soleil se balance au-dessus de
l'horizon noir, s'y plonge brusquement et change
ce lit sombre en un brasier immense. Autour de

lui, parmi les nuages, partent des fusées de lumière si éclatantes qu'on les croirait sonores.
Elles retombent en pluie finale sur le Bois lointain,

le Trocadéro, et
jusque sur le fleuve.

L'orient, où le dôme du Panthéon s'estompe
sur le ciel noir, est déjà dans la nuit. Puis
l'occident s'assombrit, sauf la Tour, qui secoue
encore son drapeau dans la lumière. Elle-même

14

enfin s'éteint sous la triple obscurité du soir, de
la vapeur, de la fumée.

Les *stratus*, fidèles, suivent le Maître, et peu à
peu, pareils à un cortège de féerie, ont l'air de
disparaître sous l'horizon, tandis qu'en réalité,
ayant fini leur service, ils se dépouillent et se
lavent de leur pourpre sanglante.

Seuls, deux nuages demeurés à l'arrière-garde,
presque au zénith, comme au sommet d'un rempart de ville, continuent à se colorer de rose,
près d'un pan de ciel demeuré vert. Mais eux
aussi s'évadent, apercevant la lune qui, large,
plus large qu'un soleil, montre sa face rousse
derrière le Panthéon, dont elle fait soudain
émerger de l'ombre le dôme, pareil au casque
d'un reître surgissant debout sur une montagne.

Ainsi la féerie du crépuscule automnal —
féerie d'un quart d'heure pendant lequel tout
Parisien devient poète — est terminée. On rentre
dans la vie normale, dans la prose ; les becs de
gaz s'allument, piquant dans l'eau qui les reflète

mille larmes de feu. Paysage à l'envers où toute
lumière bascule, les astres, la lune ou les lampes
électriques, dans la Seine noire et profonde
comme un Styx bizarre et ravisseur qui s'empli-
rait d'étoiles volées au ciel.

* *
*

Tandis que les hommes, ayant achevé leurs
labeurs journaliers, ou fatigués de leurs plaisirs, s'en vont, selon leurs conditions sociales,
les uns au fond d'un cabaret, les autres aux
terrasses des grands cafés du boulevard, et
plusieurs dans les salons des cercles, boire
ou jouer, les Parisiennes terminent leurs visites
chez les couturiers, les modistes, ou encore
dans les grands magasins de nouveautés.

La rue de la Paix, où miroitent les bijoux,
se couvre de voitures de luxe, parmi lesquelles
de modestes fiacres se faufilent. C'est l'heure
que certains chasseurs parisiens ont appelée
le moment du passage des cailles. Plutôt devrait-

on dire, à les voir prises aux rayons des diamants, que ce sont des alouettes, toujours séduites par ce qui brille, et gazouillant et faisant de légers tirelis-relis devant les étoffes soyeuses, les chapeaux de fleurs, et n'apercevant pas la note des fournisseurs chargée à mitraille.

Cailles ou alouettes, elles vont becqueter gentiment des friandises dans les pâtisseries, comme en un jardin potager où pousseraient des choux à la crème; leurs mains gantées allongent des griffes mignonnes pour saisir les sucreries, et parfois elles plongent délicatement leur bec rose, frivole et babillard dans une gouttelette de vin ambré.

* *
*

Mais c'est l'heure aussi où le grand magasin attire ses foules. Entrez : c'est un parterre de choses variées faites pour la séduction des yeux. Un arc-en-ciel s'est posé là, dans cette ruche où, à travers les étoffes, les dentelles, les meubles, les tapisseries, les bibelots, s'agitent les commis pareils à des frelons, devant les clientes butineuses comme des abeilles.

O amateurs des virgiliens paysages et des clichés géorgiques, vous qui citez le *mellificatis apes*, venez voir la ruche parisienne en travail. On vous a conté que, dans la nature, il n'existait qu'une reine abeille capable d'amour, ayant à sa disposition les frelons empressés, et, sous ses ordres, les abeilles neutres, pauvres esclaves. Ici, voyez tant de reines abeilles commander à tant d'abeilles servantes, et songez que certaines de ces reines-là, parfois, ne savent trop comment payer le suc des fleurs qui doit leur servir à préparer leur miel! Aussi, combien de frelons attendent à la sortie de la ruche! Ce n'est pas un poème qu'on pourrait écrire sur les amours de ces reines-abeilles, mais cent volumes.

Un souffle énorme sort de ces palais du commerce, qui éparpillent sur les places la

lumière de leurs lampes électriques, tandis
que dans les caisses s'entassent pièce à pièce
des milliers de louis jaunes comme le miel.

Mais, par contraste avec ces ruches splen-
dides, combien d'ignobles guêpiers! Combien,
dans Paris, hélas! insuffisamment tenu, voit-on
de sordides étalages : les trottoirs envahis par
de vieux meubles, des savates, des comestibles défraîchis et toutes sortes d'immondices!
Mornes paysages! Sinistre aspect de décrochez-
moi-ça! écœurant spectacle où maintes défroques
innomables avoisinent des victuailles farouches,
où des amoncellements de hardes se heurtent
à des chaussures séniles!

Ces vieilleries sont ordurières, et pourtant là-
bas, vers les quais, d'autres choses antiques,
logées en des boîtes, attirent certains papillons
qui aiment à errer parmi les bouquins à fleurs
fanées, mais encore suaves.

Et bien des poètes s'attardent, là, sous le
crépuscule, parmi les lueurs dernières du cou-

chant, auxquelles se mêle la lumière des becs
de gaz, rouge et blanche sur les ponts, et l'éclat

A. LEPÈRE

fuyant des lanternes qu'arborent les
bateaux-mouches, tandis que la statue du cavalier Henri IV se fond peu à peu dans la nuit.

* *

Au trot allongé, on revient du Bois. Dans leurs
victorias, les jolies femmes, emmitouflées d'un

boa, blotties sous une peau d'animal féroce ou
au moins sauvage, afin de braver la fraîcheur
subite, tout en livrant leurs visages à la brise de
la vitesse, passent, rapides visions trop tôt
disparues, le long de la rue Royale, au coin de la
Madeleine.

Dans des *cars* de formes diverses, des gentlemen, la poitrine bombée, lancent vers le boulevard Malesherbes leur jument baie qui emporte
gaillardement la légère voiture. Au fond d'un
coupé, dont les glaces sont levées par crainte
des rhumes ennemis du chant, on aperçoit le
profil poudrerizé d'une actrice bouffe. Certain
boursier sommeille un peu dans son quatre-
roues confortable, tandis qu'un jeune seigneur,
accompagné d'une vieille damoiselle, se laisse
secouer dans un cab rutilant.

Tout passe sous la lumière électrique, qui
luttait contre le jour, et qui maintenant illumine
le crépuscule agonisant.

La Madeleine, dont le fronton se découpe sur

le ciel encore grisâtre, laisse la lumière lunaire baigner ses marches et son parvis.

Dans ce demi-jour, dans cette demi-nuit, le café célèbre qui est au coin de la rue Royale accueille à sa terrasse les fanatiques de l'apéritif.

> Déjà les boulevards piquent en enfilades
> Leurs étoiles de gaz, sous les arbres malades
> Qui tendent vers le ciel muet leurs bras poudreux
> En songeant que jamais il ne fait nuit pour eux.

Et tout le long des boulevards, de la Madeleine à la Bastille, c'est, à la terrasse des cafés et brasseries, le même paysage. Un cadre lumineux, cru : la devanture vitrée, pareille à ces fonds d'or des tableaux de sainteté sur lesquels se détachent les vierges bleues, ou les saintes habillées de blanches et longues robes dont la candeur liliale s'épanouit doucement.

Ici, par exemple, les personnages n'arborent point sur fond d'or les couleurs de l'arc-en-ciel, non ; ils apparaissent en découpures de lanterne

15

magique : un chapeau de haute forme, une
main gantée sombrement, à peine parfois un
subit éclairage des pommettes, ou un coup d'œil
qui laisse partir une étincelle ; peut-être un bout
de gilet clair, ou les scintillements d'une bague ;
à noter parfois, de loin en loin, la toilette et les
fanfreluches d'une femme assise ; mais cela est
éclairé à rebours par le fond éclatant du café
et gardé contre les lumières d'ailleurs faibles du
boulevard par l'écran de la tente-abri. Aussi
tous les personnages apparaissent-ils en ombres
chinoises. Le garçon qui va, vient, court, est,
malgré son tablier blanc, ombre chinoise aussi.

Car ce qui reluit, ce qui miroite, ce qui pose
des tons multiples parmi ce paysage or et
bitume, ce sont les véritables acteurs de la
comédie, les héros, qui par devoir se trouvent
au premier plan, ce sont les verres. Oh ! verres
de couleurs assurément, verres d'illumination !
Voici, certes, un reflet des irradiations que prodigue le couchant d'automne, une concurrence

au spectre solaire. Tant l'homme ultra-civilisé,
ayant abandonné l'eau incolore, montre une
imagination brillante quand il s'en va, rêveur,
se rafraîchir, ou plutôt s'intoxiquer!

C'est le noir bitter, le vermouth-cassis rouge,
le torino orangé, le chambéry jaune, l'absinthe
verte, l'amer-menthe bleu, le bitter-curaçao
indigo, et le picon-grenadine violet, enfin le
kummel blanc, tous les aphrodisiaques de
l'estomac, ou encore le lait que prennent les
gens très sages. Voilà bien toute la palette des
boissons allant du noir au blanc, à travers le
prisme des sept couleurs. Mais combien d'autres
nuances secondaires, obtenues grâce aux invraisemblables mixtures que fabriquent, à petits
coups, avec un soin minutieux, les dévots de ce
que certains appellent *five o'clock absintea* : on
en admire d'opalines, telles que le kummel à
l'eau avec addition de menthe; on en redoute
d'autres troubles et violacées, d'une teinte sale
et maladive, comme l'absinthe à la grenadine,

innomable mélange, dont le ton rappelle l'eau
de ces verres où, dans les ateliers, les peintres
nettoient leurs pinceaux !

Et le soleil artificiel emmagasiné dans les
usines à gaz et les câbles électrigères, et de
là répandu dans les globes du boulevard, vient
se mirer en ces verres de couleur vénéneuse ;
de même que, sur le bord des étangs, le vrai
soleil jette ses gammes les plus éclatantes sur
les fleurs empoisonnées.

*
* *

Entre les deux portes monumentales mais
qui, derniers vestiges du passé, semblent
humiliées par la hauteur des édifices moder-
nes, à l'entre-croisement des quatre boulevards
Saint-Denis, Saint-Martin, de Sébastopol et de
Strasbourg, dans le quartier commerçant par
excellence, la cohue grouille parmi un inextricable enchevêtrement d'omnibus, fiacres,
chariots, voitures de la poste, victorias, lan-

daus et vélocipèdes. De même au carrefour
Montmartre. Dans une tempête de jurons, les
cochers avancent péniblement, comme des
marins ayant le vent debout. Tout à coup,
une coagulation subite s'effectue, et plus rien
ne bouge : une congestion est à craindre,
un arrêt subit de la circulation; mais apparaît
un gardien de la paix, qui allongeant le bras à
droite, à gauche, fait l'office d'une valvule
et envoie le courant, tantôt dans une artère,
tantôt dans l'autre, évitant ainsi que, à la
grande stupeur du statisticien municipal tapi
dans sa cahute pour dénombrer les voitures et
les chevaux, ne survienne un phénomène fatal,
une embolie au cœur de Paris.

Parfois, dans les artères elles-mêmes, parmi
les artérioles, les veines et les veinules, se
produisent de singuliers étranglements, des
boursouflures dangereuses, des anévrismes.

Certaines voies sont engorgées comme si un
torrent fou venait à les emplir : ainsi le fleuve

humain qui roule en deux sens contraires dans
la rue Montmartre est un des fleuves les plus
encaissés du globe. Une multitude de petites
rues semblables à des ruisseaux également trop
étroits s'y jettent. Mais Dieu garde le navigateur
d'atteindre sans une bonne boussole et un pied
marin les parages de la rue du Croissant !

Il y a là un extraordinaire remous, un mael-
strom, un gouffre, que traversent difficilement les
deux courants, montant ou descendant, de la rue
Montmartre. C'est le carrefour des journaux, la
halle plein-air des camelots. C'est l'inconcevable
enchevêtrement des grands chariots chargés
des rouleaux de papier, avec les voitures
destinées à transporter les journaux, les coupés
des directeurs, les fiacres des reporters, c'est
l'infini stationnement des camelots hurleurs qui
attendent le *papier* (ainsi nomment-ils les publi-
cations les plus diverses).

L'étincellement des becs de gaz, des lampes
électriques, des girandoles alignées au fronton

des cafés, rendent encore plus obscure l'étroite
rue du Croissant, rectiligne en dépit de son
nom. Dans une obscurité vague, vont, viennent,
courent, s'affolent des êtres énervés : c'est le
rédacteur en retard qui porte sa copie, puis le
camelot tenant enfin son *papier* et criant tout
de suite comme un possédé, avec une fraîcheur
de voix reposée : « Voilà le journal, demandez les
dernières nouvelles ». Ces hommes pressés en-
jambent d'autres hommes qui, paisiblement assis
sur le trottoir et somnolant un peu, attendent leur
tour de travail. Un fardier vire là dedans et
heurte deux voitures. Des femmes affolées courent sous les pieds des chevaux ; des gavroches
piailleurs s'effarent comme des moineaux.

Mais on n'écrase là personne... excepté quand,
exagérant encore l'entassement de chair humaine
ou chevaline, l'amoncellement des roues de papier, des petites charrettes à bras et de tout ce
qu'on peut imaginer de plus encombrant, surgit
tout à coup, sur cet espace exigu, une énorme

manifestation ouvrière, ou un monôme d'étudiants. Parfois les deux ensemble !!

Dès lors, à chaque fenêtre des journaux s'allongent, — comme si, par enchantement, le
sifflet d'un machiniste de théâtre avait donné
un signal — des têtes, des têtes, des têtes. Les
devantures, tout à l'heure éclairées chaudement,
mais vides, s'emplissent maintenant, et l'on
croirait voir sur chaque façade une fantasque
apparition de marionnettes noires.

Sur la porte des cafés ou des magasins se
pressent des curieux.

Et les gardiens de la paix rétablissent la circulation par les moyens ordinaires et touchants
dont ils appuient le traditionnel *circulez*.

*
* *

Paisiblement, l'Opéra s'allume.

Deux gardes à cheval, immobiles et pareils à
des statues de bronze, couvrant des plis rigides
de leurs manteaux étalés largement la croupe de

leurs montures, forts, pacifiques et rêveurs, sont posés devant l'édifice. Un coin s'éclaire, puis, comme si le feu courait, on voit l'illumination, lueur à lueur, poindre.

Derrière, sur le boulevard Haussmann, dans une demi-obscurité, arrivent les petites danseuses qui piaffent en sautant de leur fiacre ou de leur coupé, sous l'œil placide des choristes et des figurants humant la dernière cigarette sur le

16

trottoir réaliste, avant que d'aller poser dans l'idéalité bizarre de la scène.

* *

Le vieux marchand de marrons, à casquette de loutre, tourne et retourne son odorante provision dans la large poêle percée, sur le fourneau.

Te voici, ô hirondelle d'hiver! Déjà!...

Oui, l'automne peu à peu s'alanguit. Plus de feuilles aux marronniers, à peine quelques-unes sur les platanes résistants. Les statues de marbre commencent à frissonner sous la brume, dans les squares. Un vent, point froid encore, mais fort, s'amuse à faire valser les feuilles sur les trottoirs. Au-dessus des toits, valse aussi la fumée des soirs frileux.

Durant un instant, l'angoisse saisit à la gorge le Parisien, une angoisse très vague, parfois même assez douce. Pour un peu, il aimerait à feuilleter des lettres fort anciennes, les trésors du passé, les mélancolies du Déjà-Plus, et à se

rendre triste avec profondeur. Il songe que la
Toussaint est proche, il voit comme en un rêve
sombre les alentours du Père-Lachaise peuplés
de marchands de couronnes, et de marbriers dont
les boutiques sont pleines de tombes neuves qui
semblent s'offrir au client! Oh! les couronnes
de perles : *Souvenirs et Regrets!* et les médaillons
où quelque chromolithographe a peint un monsieur éploré auquel à travers un sépulcre une
main féminine fait signe de venir dans l'Au-Delà!
Il se rappelle certain soir où il passa en voiture
sur la route suspendue au-dessus du cimetière
Montmartre : au clair de lune, à perte de vue,
des mausolées et des ifs funéraires. Et, très las
de tout, le Parisien voudrait mourir doucement,
dormir toujours....

Mais il hésite. Il hésite avec énergie.

Déjà, le long du boulevard, les théâtres
s'allument. La cohue des marchands de billets
encombre la Chaussée d'Antin, la rue de Bondy.
D'immenses affiches, pleines de ces femmes

décolletées que mouvemente le parisien crayon
de Chéret, annoncent de mirifiques spectacles,
des plaisirs exquis. Le Parisien songe à ces
affiches tentantes. Il se laissera séduire de nouveau par la vie. Il aperçoit d'avance les revues
de fin d'année où seront si peu habillées tant
d'indigènes des Batignolles, les grands bals que
l'on donnera dans l'édifice singulier qui fait
tourner des verres de couleur rouge sur les
ailes d'un moulin imaginaire. Que faire de toi,
ô Mélancolie? Il rejette dans le tiroir les lettres
jaunies que retient un ruban fané.

Que faire?... Mon Dieu, il reprend son courage
et chasse la brume en allumant un cigare
extra, se disant qu'après tout, si les hirondelles
sont parties, elles sauront bien revenir.

*
* *

De huit à neuf heures, un grand calme tombe
sur la Ville, un repos se fait le long de nos
rues, places et boulevards.

Pas pendant les Expositions Universelles : ces
années de gala
viennent, tous les
    deux
lustres,

forcer les plaisirs
des 14 juillet à
se prolonger par
miracle jusqu'en
automne : on voit alors,
pour faire suite au coucher
du soleil, l'apparition des flammes,
des bouquets d'artifices, et, comme une pluie

d'or tombant dans la Seine par-dessus les
dômes augustes des palais, d'innombrables fusées
versicolores.

Mais, durant les années ordinaires, quand la
vie suit son cours normal, quand les horloges
pneumatiques sont les vraies modératrices et
dispensatrices de tous nos mouvements réglés
comme des montres, quand Paris garde ses
habitudes, un grand calme entre huit et neuf
heures du soir l'envahit : on dirait qu'un linceul
est tombé sur la Ville afin d'étouffer le bruit.

Oh ! rassurons-nous ! Ce linceul n'est qu'une
vaste nappe : on dîne, partout on dîne.

Dans les maisons à six étages, on voit, de
l'entresol au sixième, luire sur l'édifice obscur
les lampes des salles à manger placées juste les
unes au-dessus des autres.

Heure de calme qui n'est qu'une heure de
relais. Tandis qu'à la campagne elle sonne la fin
de tout, le prodrome du hâtif et long sommeil,
à Paris (supériorité évidente de la ville sur les

champs) elle marque un recommencement : les
forces reprises après la journée de travail pour
la nuit de plaisir. Calme précurseur de la grande
agitation nocturne.

A travers une large porte d'hôtel, fièrement
éclairée, on aperçoit, étoffé d'un tapis épais, un
escalier dont les rampes sont remplacées par des ·
plantes exotiques, des fleurs rares. Les voitures
s'arrêtent, un gentleman en descend, offrant la
main à une femme élégante. D'autres voitures
viennent, et d'autres, et d'autres. Des badauds
s'assemblent et regardent curieusement, sans
souci de la brume légère.

C'est le premier grand dîner de la saison, en
attendant l'hiver.

*
* *

Il est proche, l'hiver. Novembre se lamente par
la voix sourde du vent qui dépouille les platanes
de leurs feuilles tenaces. Bientôt il ne restera
plus aux branches que des boules noires, fruits

singuliers et racornis. La lune ouvre une large
face froide dans le ciel clouté d'or.

Sur le tramway de Levallois-Perret, un paysan
de la banlieue proclame : « Il gèlera p't'-êt' ben,
à c'te nuit! » Il ajoute gouailleur : « Ça s'ra la
première! Ça s'ra point la dernière : les hirondelles sont parties à bonne heure, c't' année. »
Les citadins qui l'écoutent frissonnent, l'un d'eux
affirme : « Ce sont les premiers froids qui sont
les plus durs à supporter. » Un autre riposte :
« On n'est pas habitué encore. »

Et sous la lune sourde, le silence se fait sur
la plate-forme.

Vu à travers les grilles du boulevard de
Courcelles, le parc Monceau, dépouillé, apparaît
étrange sous la lueur de ses lampes électriques.
Le temple en ruines prend un aspect fantastique,
la pièce d'eau a l'air d'un miroir noir. Selon les
mouvements des lumières, on croirait voir, dans
les massifs déchiquetés, surgir de pâles ombres errantes. Étrange paysage d'opéra plein

air, qui n'a rien de naturel, presque plus rien d'humain. On se supposerait transporté dans quelque autre planète dotée de nombreux satellites et dont les habitants prendraient sans doute pour un divin jour d'été une de nos plus fraiches soirées de novembre.

Un grand soupir monte des arbres vers les étoiles. Adieu, mélancolique Automne !

17

Morne Hiver! — Joyeux Hiver!

Morne Hiver, tu couvres le ciel d'un rideau pesant, d'une toile épaisse et grise tissée par les nuées lourdes de neige! Tu rends pareils à des squelettes les arbres défeuillés, tu contractes ce qui ne demanderait qu'à s'épanouir, tu amortis, tu dessèches, tu détruis, maudit Hiver !

Joyeux Hiver, tu rends aux nerfs et aux muscles l'élasticité, car tu nous rappelles que la vie est un combat, tu nous forces à exalter notre attitude triomphante, à nous défendre contre toi par une escrime savante, et à te vaincre ; notre sang circule avec plus de violence dans nos artères, nos fronts se baignent avec joie dans ton atmosphère glacée, Hiver béni !

Morne Hiver, sous ton souffle périssent les choses douces, humbles, petites, les mignonnes choses, pareilles à des oiseaux frileux !

Joyeux Hiver, grâce à toi vivent pleinement les êtres robustes, les baleines monstrueuses et les ours blancs, et les hommes velus couverts d'une pelisse !

Morne Hiver, tu figes la nature et tu éteins le Soleil !

Hiver joyeux, tu suscites Paris et tu rallumes ses lustres !

A bas l'Hiver !... Vive l'Hiver !...

C'est, en poétique dialogue, la grande querelle des frileux, dont la peau se hérisse sous la froidure, et des anti-frileux, qui estiment une belle gelée à l'égal d'un réconfortant. Seulement, par un bizarre illogisme, ce sont souvent les mêmes gens qui, ayant geint contre la chaleur de l'été, geignent encore contre les rigueurs de l'hiver. Ce sont ceux qui détestent les extrêmes en tout, et voudraient, s'ils sont idylliques, un éternel printemps, et s'ils préfèrent l'élégie, un automne perpétuel.

Pourtant, bonnes âmes, le printemps et l'automne, sous leurs bénignes apparences, savent tuer aussi bien que l'hiver, et les cholériques étés font parfois augmenter de notable manière les frais de succession.

Comme chaque âge a ses plaisirs et ses peines, chaque saison apporte avec elle ses douleurs et ses allégresses. L'hiver est tout à la fois morne et joyeux. Paris, seulement, dans le somptueux

décor des fêtes de saison, avec son Noël, son
Nouvel An, son Carnaval et sa folle Mi-Carême,
peut donner à l'hiver le brillant qu'il comporte;
en même temps, par un retour singulier, c'est la
seule saison où Paris sente vraiment s'émouvoir,
en ses entrailles de pierre, cette chaleur d'âme
qui s'appelle la Charité.

Salut donc, ô Hiver, saison parisienne. Siffle,
souffle, tempête! Les belles dames danseront au
profit des pauvres hères; les beaux messieurs
patineront sur le lac glacé, afin qu'un louis d'or
luise dans les mansardes.

Seulement, joyeux Hiver, ne sois pas trop
morne, ne te décore point de trop de glaçons.
Il est inutile de nous envoyer en Sibérie sous
prétexte que nous sommes présentement amis de
la Russie. Personne ne te saurait gré de cet
excès de zèle, messire Hiver!

*
* *

Après la Noël, dont les agapes familiales

inaugurent délicatement l'hiver, après les vives
joies des enfants approchant émus des pins
chargés de surprises, une période malheureuse
s'ouvre pour le Parisien.

Il ne voit plus le charme des devantures de
poupées, où de petites femmes habillées comme
de grandes personnes montrent, sous leurs
chapeaux fantasques exagérant la mode, des
cheveux en broussailles blondes, des yeux bleus
ou noirs, frimoussettes qui semblent murmurer :
« Venez à nous ! Achetez-nous ! » Il ne regarde
même pas les boutiques, où des masques extra-
vagants épanouissent leurs faces à longs nez
rouges, à barbes ultra-crépues, à lèvres épaisses,
à pommettes en saillie, à orbites vides, visages
immobiles et inquiétants, qui attendent et es-
pèrent des yeux humains et le souffle de la vie,
tandis que des polichinelles, pendus par la tête,
agitent au moindre heurt leurs jambes disloquées.

Le Parisien ne veut rien voir, obsédé par la
terrible obligation du Nouvel An, par les allées et

venues du facteur, suivi de l'innombrable armée des quémandeurs.

On pourrait peindre un paysage moral en teinte sombre, si l'on jetait un regard dans l'âme du Parisien exaspéré.

Mais un autre paysage, extérieur et sinistre, le plonge dans le désespoir. Sa Ville est soudain encombrée par les petites baraques qui ont poussé sur les trottoirs, comme des champignons monstrueux, comme des excroissances ou des verrues, des furoncles et des anthrax. Encore supporterait-on cette maladie, si, de tous les hospices, de tous les refuges, lâchés par une administration peu prévoyante, ne s'évadaient (répugnant spectacle humain) toutes les misères, tous les vices et toutes les honteuses maladies. Une armée de mendiants, de loqueteux, de déguenillés, de crasseux, d'éclopés, de manchots, de boiteux; des têtes lépreuses enveloppées par des linges sales, des enfants aux yeux couverts de taies, des figures tachées

de croûtes, tous les francs-mitoux et les rifodés
surgissent on ne sait d'où, envahissant les rues,
les boulevards, obstruant la porte des églises.
O jour de deuil, de désastre et de peste! Dans
Paris devenu hideux, parmi nos paysages nobles,
on lâche une cohue hétéroclite qui abuse de
la pitié en soulevant le cœur.

Que peut gagner la charité à ces désastreuses
exhibitions, à ces bruyants étalages des vices bas
et des misères louches?

Holà! pourquoi choisir cette époque de l'année
pour livrer la plus belle des grandes villes à
l'assaut abracadabrant des culs-de-jatte? Ce
spectacle ignominieux indique, par une antithèse méphistophélique, les jours où le plaisir
entre en scène, l'aurore du Carnaval....

O parfaite orgie de la Cour des Miracles!
C'est le Jour de l'An! C'est le jour où le Parisien
songeur s'efforce d'équilibrer son budget dont le
Doit déborde l'Avoir, et où son humeur belle-
donneuse se sent crispée, en sortant de chez

18

Boissier, par la honte noire d'un décor encombré de vilenies et de mendicités exubérantes.

Pauvre Jour de l'An !

* *
*

Un peu avant minuit, le théâtre éteint sa rampe, souffle sur ses girandoles, lançant au dehors, en éventail, ses spectateurs qui, bien emmitouflés, hélent des voitures. Soudain, le boulevard, tiré de son calme, a l'air enragé. Un tourbillon de fiacres, de coupés ou de cabs anglophiles, qui sommeillaient au bord du trottoir, s'éveillent pour une furia de grand train.

C'est surtout vers l'ouest qu'ils vont. Un grand nombre tournent à la rue Taitbout afin d'enfiler à triple allure le boulevard Haussmann. Voici presque une course effrénée, dans cette avenue sombre sous les rares becs de gaz, tandis que les boutiques, étant closes, ne sauraient plus offrir leurs prodigalités de lumière aux trottoirs désormais obscurs.

Au carrefour où se dressent les grands magasins, en lesquels, œils nocturnes, veillent
derrière

les vitrages quelques
globes électriques espacés,
au confluent de la rue
Tronchet, de la rue Auber
et de la rue du Havre, vers minuit, on ne voit
que passants affolés essayant d'échapper aux

furibondes et menaçantes charges de cavalerie
nocturne. On dirait une chasse à courre : pareils
à des cerfs inquiets, les hommes bondissent
entraînant les biches, leurs compagnes. Cependant, les coupés élégants fuient et se succèdent
vers le quartier de l'Arc de Triomphe ou le Parc
Monceau, sans souci des piétons fracassés.

L'horloge pneumatique, lunesque figure, a l'air
de sourire de côté à ce singulier spectacle, avec
ses deux aiguilles qui marquent minuit un quart.

*
* *

Plus loin, sous la pâle clarté de l'astre des
nuits, l'église de la Madeleine, prise du boulevard
Malesherbes, offre un décor magique d'Opéra
païen : gigantesque aspect d'édifice qui se profile
en perspective grandiose, les colonnes se détachant sur le ciel, dans un conflit d'ombres et
de lumières monumentalement projetées.

On attend le coup d'archet par lequel un imaginaire chef d'orchestre peuplerait de chantantes

théories ou de danses sacrées ces portiques au
seuil desquels se lit l'inscription : *Sonnette de
nuit pour les Sacrements.*

*
* *

Mais à quelques pas de cette évocation grave,
antique et tragique, sur le pont de l'Europe, une
inexprimable féerie moderne est gratuitement
offerte aux passants de nuit. Sous les quatre
grands frontons triangulaires de la gare, et, en
avant, jusqu'au léger pont suspendu qui arbore
des signaux multicolores, une profusion de lunes
blanches, toutes les lunes de Saturne et de
Jupiter semblent tombées là pour la joie des
yeux. Autour d'elles papillotent et glissent les
lanternes des locomotives imitant les étoiles
filantes : au-dessus d'une immense clarté bleue
de lumière tamisée par la cage de verre du
grandissime hall, la vapeur, sortant des tuyaux
semblables à des Vésuves en miniature, sème des
nuages, *cumulus* blancs ou *nimbus* sombres qui

roulent au gré des vents, et où parfois des escarbilles enflammées lancées en brefs zigzags figurent le passage subit de la foudre.

Singulier paysage céleste qu'on verrait en bas! Coin de firmament, morceau d'Empyrée dégringolé dans l'enfer d'une gare, afin de démontrer aux partisans de l'antiquité que le moderne peut être non seulement joli, non seulement brutal, mais grandiose et formidable.

Un train transatlantique immense s'ébranle sur le quai comme un long animal annelé, quelque étrange bête à mille pattes, un apocalyptique dragon aux yeux jaunes ouverts dans la nuit et qui s'élancerait afin de courir vers la mer; parallèlement à ce chimérique monstre, deux menus trains de banlieue, les trains de minuit trente-cinq, joutent de vitesse, fous et jappant du tuyau comme deux petits chiens têtus qui poursuivraient un gros gibier.

Vers la rue de Rome, à travers les grilles, on voit paisiblement monter, à l'aide d'un cheval de

renfort, le dernier omnibus Wagram-Bastille à
peine éclairé : hue donc! vestige des diligences
du passé, survivant des briskas, obstiné plagiaire
de la berline de l'émigré! Une locomotive qui
rentre au dépôt, seule, légère, échappée, prend
une voix aiguë et moqueuse, pour le siffler au
passage. C'est bien fait.

* * *

Parfois, tout à coup, la légère vapeur nocturne s'épaissit. On sent venir de la Seine, le
long de l'Avenue, vers l'Opéra, une brume froide
qui estompe les lumières. Les passants filent
ainsi que des spectres flous dans cette ouate.

Soudain, les monuments, enveloppés par le
brouillard, prennent des aspects fantastiques. Les
lourds omnibus ressemblent à d'héroïques élé-
phants d'un très ancien tableau qui aurait perdu
ses couleurs et ne serait plus qu'une grisaille
informe et très vague.

Les bruits s'assourdissent à travers la ville,

devenue pays d'ombres. Parfois un souffle d'air
éparpille ces vapeurs, les force à se traîner le
long des trottoirs, comme si les nymphes de
Corot désertant la vertu des bois virgiliens
venaient vicieusement déchirer leurs robes sous
les lunes électriques du boulevard.

Bientôt tout se plonge dans le charme de
l'indécis, de l'indéterminé.

> Les nuages du ciel roulent sur nos bitumes.
> Hip! voici le brouillard! hurrah! voici les brumes!
> Les monuments falots revêtent des costumes
> Flottants ; les becs de gaz ont l'air d'avoir des plumes.
> On y voit comme au fond d'un lac. Vivent les brumes
> Noyant les lignes, les surfaces, les volumes,
> Et donnant aux vivants des allures posthumes
> Dans un ballet spectral, ô Paris, quand tu fumes
> Ton énorme pipe de brumes!

Et le Tout-Paris joyeux qui sort des théâtres
a, sur le perron, un moment de stupéfaction
à ce changement subit et absolu de son décor
parisien accoutumé.

Rougeâtres plutôt que rouges, les torches

brandies par des gardiens de la paix essayent
d'éclairer ce paysage sans contours. On voit,
pareille à

une tête

ensanglantée,

la flamme se tordre,

secouant autour d'elle

une épaisse chevelure de fumée, une chevelure
ondoyante et rousse qui sent bon la résine :

19

on imaginerait des dieux noirs pourchassant le rhume avec ton essence, ô pin d'Arcachon !

*
* *

Au boulevard des Batignolles, près du minuscule théâtre, une heure et demie sonne. Aussitôt sur la devanture de tous les cafés du voisinage on entend descendre brusquement le rideau de fer : rrrrâ. Et cela semble une mitraillade, souvenir des mauvais jours ! rrrrâ !

Seulement au bas de la porte persiste un carré lumineux. Deux gardiens de la paix s'approchent et frappant du poing la tôle qui retentit sourdement, ils crient : « Dépêchons ! Dépêchons ! »

Alors, par ce mètre carré, suprême porte basse, on voit, se courbant, se contorsionnant, laissant choir leur couvre-chef, sortir les ultimes consommateurs, ceux qui n'avaient pas encore terminé leur bésigue ou leur polignac. Et ils toussotent en s'en allant dans la nuit gelée.

« Voyons, dépêchons! » vont dire plus loin

les deux agents en frappant sur la tôle bruyante.

Nocturnement, dans la vague ténèbre qui enserre ces larges voies, où de fuyantes silhouettes de chenapans circulent sous les arbres dépouillés, on entend après le rrrrâ des rideaux de fer, le cri des « sergots » : « Allons, messieurs, dépêchons! » tout le long du boulevard des Batignolles, et par delà peut-être, tout le long des autres boulevards à l'infini, puisque ces voies extérieures forment un cercle autour de Paris. Et de tous les carrés de lumière au bas des portes sortent des têtes à chapeaux ou à casquettes qui, frissonnant dans le froid nocturne, font « Brou, brou, brou! Atchoum! »

Bonsoir! bonsoir! Dépêchons!!

*   *
*

Un cataclysme soudain se produit parfois durant les nuits d'hiver.

O spectacle de désolation! Qui a frappé choses, bêtes et gens, les uns de paralysie subite,

les autres d'ataxie locomotrice? On dirait un
champ de bataille où tout le monde serait
blessé. Des fiacres dénués de chevaux gisent,
certains ayant leurs brancards en l'air, comme
s'ils voulaient se rendre, plusieurs les brancards
en bas, comme s'ils étaient morts. Des cochers
traînant par la figure des chevaux qui titubent,
eux-mêmes vacillants et perdant l'équilibre; des
hommes bien mis, des femmes élégantes essayant
vainement de mettre un pied devant l'autre;
enfin des malheureux sans vergogne, empruntant
aux animaux leur humble allure et marchant à
quatre pattes dans la boue glissante, gluante,
congelée et traîtresse. Quelques-uns, sans doute
frappés d'aliénation, et se prenant peut-être pour
des musulmans à l'entrée d'une mosquée, portent
leurs souliers à la main, et osent traîner leurs
chaussettes parmi d'interminables glissades.

O désastre! c'est le verglas!

Désastre particulièrement effroyable, s'il survient pendant les plaisirs de la soirée, ou au

moment de la sortie
des théâtres, surtout
encore à l'heure
où, au pas, les
maraîchers
dirigent vers
les grandes
Halles leurs
charrettes
bondées.

* * *

Deux heures de la nuit.
Au sortir de la soirée élégante,
artistique et littéraire, où le
Tout-Paris mondain se donne rendez-vous, parmi

le froufrou des robes et la saveur toujours nouvelle des épaules et des gorges décolletées —
voluptueux paysage de chair, de soie et de
dentelles, paysage embaumé et suggestif! — le
temps sec, la gelée, nous excitent à quelque
longue marche.

C'est un nocturne solo. Les avenues s'allongent, immenses couloirs vides, sous l'illumination
vague des becs de gaz papillotant comme de frileuses âmes de lumière, tandis que les arbres,
nus, rigides, figés, dressant la pointe de leurs
rameaux vers l'ombre supérieure, font songer à
des colonnes d'un ordre composite et barbare
destinées à supporter la voûte noire, pailletée
d'étoiles, le plafond du ciel, qui semble se poser
au ras des toits avec des façons de marbre lourd.

Dans les belles avenues, ces heures de nuit
sont délicates. L'asphalte, durci par les gelées,
sonne sous vos pas doublés par l'écho, si bien
doublés que l'on s'arrête pour voir *si l'on n'est
pas suivi* (ô terreur douce aux noctambules!).

Sous la solennité d'une porte cochère, s'encadrent deux   gardiens
de la   paix,
                                          au
                                         repos
                                         entre
                                         deux
                                    tours d'îlot,
                                    roides, en-
                                    capuchonnés,
                                    semblables à
                                    des pénitents
                                    noirs, parlant
                                    d'une voix
                                    basse qui re-
                                    tentit quand
                                    même dans le
                                    silence froid.
                                    De rares pas-
                                    sants, le chapeau
enfoncé sur les yeux, le col relevé jusqu'aux

oreilles, encore pareils à des pénitents déguisés en gentlemen, vous croisent vite, vite, et fuient, mettant au port d'armes dans la poche de leur paletot leur canne semblable à un cierge mort.

Un fiacre roule avec fracas, au trot furieux d'un cheval fouetté rondement (ou carrément), qui réclame l'avoine, et, sentant devant son nez l'espace libre, lui l'habitué des carrefours obstrués, s'y précipite avec un ressouvenir de ses prouesses de jadis, du temps qu'il était brillamment coté parmi les pur sang, sur les *books* des courses de Longchamps, d'Auteuil, de Chantilly. Pauvre canasson !

Les bancs de bois prolongent des ombres bizarres de trapèzes sur le trottoir. Un kiosque, à demi éteint, fait miroiter dans la nuit froide des annonces pharmaceutiques : remèdes contre la phtisie et la toux. C'est une anatomie d'homme au visage torturé qui étale ses poumons disséqués : horreur ! on tousse par suggestion rien qu'à voir cet écorché en proie à la bise hivernale.

De-ci de-là, une fenêtre éclairée ouvre un œil de cyclope dans le noir visage des maisons closes, muettes. Deux heures et demie! Ce n'est pas une soirée, une fête, un bal. Pourquoi cette lumière isolée? On évoque des scènes d'intérieur : amour, naissance, mort? Que peut faire, à cette heure, cette créature humaine qui veille là-haut? Le jeu, l'ivresse ou le travail, ou encore une élaboration de suicide? Un drame, une comédie, un vaudeville?

Plus loin, façade illuminée. Une porte haute, large, lourde, s'ouvre brusquement; un couple apparaît : près du monsieur tout noir, la dame toute blanche, soulevant des deux mains sa robe et son manteau, court aussi vite que le peuvent ses deux petons engoncés de *snow-boots* vers un coupé dont un laquais respectueux tient la portière ouverte. Cloc! fait la porte lourde; clac! fait la portière qui se ferme; clic! fait le fouet du cocher. En route!

Un ivrogne, ronchonnant en sa rogomme et

20

chantonnant des mélopées indistinctes, zigzague,
tangue et roule d'un trottoir à l'autre, essayant
d'orienter sa marche — oh! marche déconcer-
tante! — vers quelque domicile lointain qu'il
n'atteindra point, car, après tout, il n'existe
peut-être pas!

Au galop (non pas au grand trot, au vrai galop),
passe avec un trinqueballement de ferrailles
quelque voiture de boucher. La toile qui couvre
les cadavres de veaux et de moutons se
soulève au passage, offrant la vision d'un pied
exsangue ou d'un ventre ouvert plein de
graisse blanchâtre. Un boulanger, poussant le
« han » ou le « üüi » traditionnel, travaille dans
sa cave ; on l'aperçoit, à travers le soupirail, secouant, demi-nu, des serpents de pâte informes,
tandis qu'au-dessus de son toit, trouant la voûte
lourde du ciel clouté d'étoiles, tourbillonne une
noire fumée, fumée de four, fumée de pain,
fumée de rêve pour tant d'êtres qui, s'étant
couchés avec la faim, essayent de dormir le

mauvais sommeil, là-bas, vers les barrières, recroquevillés sous la froidure....

Comme elles étaient blanches ces épaules féminines, ces gorges où des fleurs se mouraient câlinement! Comme le cotillon entraînait en un kaléidoscope les habits rouges et les robes bariolées, parmi les accessoires étranges de formes et de tons! Comme on respirait des aromes troublants, des parfums presque vénéneux, et voluptueux et fous, ou brutalement évocateurs, durant la mondaine fête nocturne! Et comme on sentait s'ébaucher en son âme maladive, âme de serre chaude, de tropicales ou tendres idylles, devant tant de femmes en plein éclat, et tant de jeunes filles quêtant un mari!

*
* *

La neige tombe, tombe! Et la nuit noire devient claire. Dans le grand silence opaque, la neige tombe, tombe sans bruit. Pas un souffle de vent ne disperse les flocons étoilés. Ils s'accumulent doucement, ceux qui sont en fleurs comme ceux qui sont en aiguilles ; ils s'accrochent aux toits, ne voulant point descendre trop vite vers la terre noire, ils s'attardent sur les balcons, ils s'arrêtent aux corniches, ils mettent des manteaux de peluche sur la statue de la République, sur le lion populaire, et couvrent l'urne sacrée de leurs célestes bulletins blancs, place du Château-d'Eau. Le gigantesque groupe prend un très curieux aspect. Les lignes deviennent diffuses sous cette enveloppe d'ouate ; la statue ressemble à quelque Sainte Vierge dont le manteau lourd s'évaserait jusqu'à ses pieds, tandis que le lion saharien devient un ours immobile, paisible et blanc.

La neige cesse, étalant un tapis immaculé, et maintenant toute lumière émane d'elle. C'est comme si l'on avait allumé une rampe de théâtre alors que les frises sont éteintes : les ombres sont en haut. Les candélabres coiffés d'un casque de frimas ne versent plus qu'une lueur trouble, à leur pied, sur une faible circonférence. C'est

la neige qui illumine désormais les balcons et
les toits. Le paysage nocturne, en décor, s'éclaire
subitement à l'envers.

Les arbres tordent délicatement leurs bras
blancs, comme s'ils étaient des pommiers ou des
pêchers en fleurs ; ils se sentent réchauffés par la
douce neige, et, vêtus d'une fourrure norvégienne, se moquent des morsures hivernales !

Une béatitude immense s'épand sur la ville.
Quelque silencieuse que soit la nuit, toujours un
ronron vague, une poussée d'haleines vivantes
trouble la paix ; mais, quand la neige envahit
Paris, plus rien ne se peut entendre : le bruit dort.

*
* *

Pas longtemps. Bientôt une équipe de balayeurs
surgit on ne sait d'où, guidée par un cantonnier
qui les aligne sur un rang, balai au poing, et les
numérote comme on numérote une compagnie au
régiment. Puis, sur un ordre, ils se dispersent,
et soudain, on entend flic-flic-flic : c'est la neige

si blanche, si pure, la neige d'hermine, qui sous
les balais devient noire, et va rouler vers l'égout.

*
* *

Voici le dégel. Une pluie grasse tombe du ciel,
tombe des toits, une pluie qui semble de suie par
la nuit sombre, et qui vient se mêler au gâchis
ténébreux du sol. Paris devient un marécage ;
les murailles suintent comme des grottes : on
voit, à la lueur du gaz, le long des parois, les
traînées humides, où l'on dirait qu'une armée de
chenilles a passé. Sous les balcons, au bord
des corniches, pendent des stalactites de glace.

Vers la place de l'Opéra, dans l'ignoble
délayage du dégel, dans le *parfait* infâme fait
du sel que projettent les cantonniers et de la
neige fondue sous les roues des voitures, la
nuit demeure claire sous de larges fenêtres
épandant leurs lumières. C'est le cercle. Au
bord du trottoir stationnent les coupés, dont
les cochers sommeillent.

Et quelques errants de
la vie, des va-nu-pieds.
des gueux, surgissent
et passent, tournoyants
et vagues. Ils regardent
avec envie les balcons
des riches qui s'égayent
dans la soie et le ve-
lours. Peut-être vont-
ils vers ces horribles
paradis artificiels,
vers ces bouges inouïs
où des allahs de bas
étage, de vils maho-
mets offrent l'amour
d'ordes houris; ou
bien vers ces garnis
extraordinaires en
lesquels, moyennant
deux sous, ils trouve-
ront dans un drap de lit non renouvelé depuis

trois mois une place abjecte mais encore toute
chaude, abandonnée tout à l'heure par quelque
prédécesseur matinal !

> Les vaincus de la vie aux longues faces pâles
> Marchent, ratatinés sous les lourdes rafales,
> Toute la nuit, sur les bitumes et trottoirs,
> Perdus, hâves, maudits, ténébreusement noirs.
> C'est la procession des fantômes du Dante,
> Saccadée — allegro parfois, parfois andante —
> Selon que le sommeil ou la fièvre les prend :
> Les pavés sont si durs et Paris est si grand !
> Où vont-ils? nul ne sait. Ils errent noctambules
> Jusqu'au lointain moment des premiers crépuscules.
> Les uns sont des zingueurs sans ouvrage, chassés
> De leur hôtel garni ; d'autres, des cœurs blessés
> Fuyant le lit vidé de l'ancienne délice ;
> D'autres sont des fuyards hantés par la police ;
> D'autres, filles de joie ayant perdu l'espoir
> De trouver un suiveur qui les suive ce soir....
> Des balayeurs portant le balai sur l'épaule,
> Des repris de justice en rupture de geôle....
> Noir monde ! Se traînant sur leurs maigres talons,
> Ils regardent, parfois, d'en bas, tous ces salons
> Aux balcons ruisselants de lumière, où l'on joue....
> Et se sentent frémir de haine dans la boue !

Et pourtant?... De ce cercle, un jeune homme défraichi, les yeux caves, sort brusquement, et, repoussant les cochers qui font leurs offres de service, s'enfuit, battant l'air de ses mains, marchant sans précaution, à grandes enjambées, dans la boue. Il gagne une rue déserte, s'appuie au mur, et là, sanglote dans son mouchoir.

*
* *

Au passage d'un coupé lancé au trot, les lacs de boue éruptionnent subitement, comme des geysers. Malheur à ceux qu'elle atteint, cette fange étonnante qui, au dire d'un ironique, a la propriété de devenir noire sur les vêtements blancs, et blanche sur les vêtements noirs !

*
* *

Les grands froids enfin sont venus. Le sol brille éclatant sous une lune implacable. Bassins et lacs sont gelés, et la Seine qui charrie formera bientôt au milieu de Paris un glacier de trois lieues, longueur humiliante pour les Pyrénées et les Alpes. Les chimères de la fontaine Saint-Michel portent des barbes de glace, les sirènes et les tritons de la place de la Concorde se sont gentiment coiffés de blanches perruques de gemme, et revêtus de manteaux en cristal opaque : capricieuses stalactites, stalagmites imprévues, négligées des touristes que Joanne guide en leurs excursions, mais longuement contemplées du Parisien avec des yeux mouillés... plutôt par le froid que par l'émotion d'artiste.

Paris est devenu un pôle Nord, un Mont Blanc fantaisiste. Salut aux alpinistes spéciaux dont le pied peut escalader sans défaillance les pentes glissantes de la rue des Martyrs ou de la rue Pigalle; mais quel prix offrira-t-on, quel alpenstock d'honneur à ceux d'entre eux qui ont ascendé, sous la bise des cimes, la rue Lepic et la rue Tholozé, ce couloir d'avalanches, où tant de braves ont mordu la poussière de givre, mêlée de la cendre que versent les concierges!

Cent mille Parisiens projettent une promenade à
pied sur la glace du lac; les gamins rêvent glissades au bassin des Tuileries; le monde élégant
attend la fête de nuit au Cercle des patineurs.
Autour

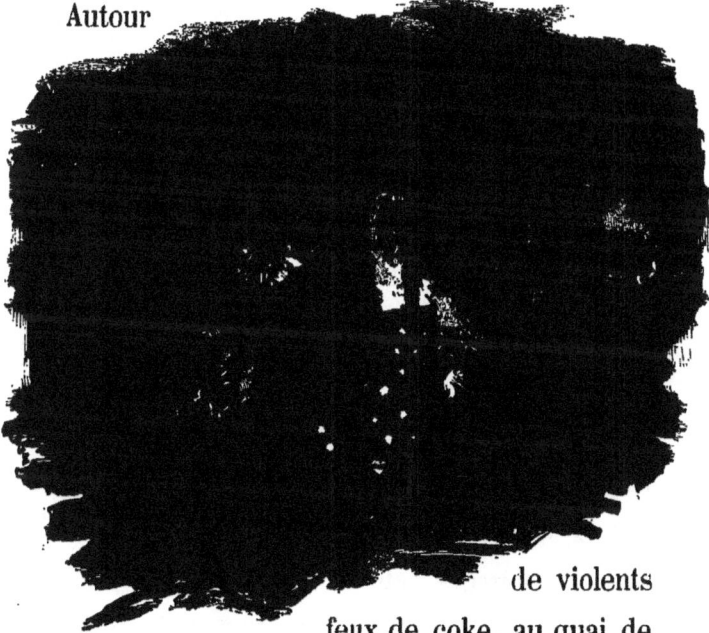

de violents
feux de coke, au quai de
la Râpée, les loqueteux viennent se presser;
fantastiquement éclairés, ils se chauffent avec
une vague allure d'Islandais calmes observant
un volcan percé inopinément dans la neige.

C'est nuit de bal à l'Opéra. Le centre de Paris palpite comme un cœur en fête.

Pour répondre à l'illumination de l'Académie nationale de chahut, tous les cabarets, grands, petits et moyens, font flamber le gaz à bec ouvert.

Sur la place de l'Opéra une vie intense, un grouillement bariolé. D'un peu loin, à voir l'édifice, on dirait une fournaise blanche et jaune, où des êtres polychromes viendraient s'enfouir afin d'échapper, dans un autodafé volontaire, aux âpretés de la bise glaçante. On ne sait quel sombre ennui les pousse à ce suicide. Ils y vont.

Mais ces allées et venues, ces entrées et ces sorties, et, sur le large escalier, la descente de tout ce kaléidoscope de couleurs — que domine, hélas! le noir des habits, — forment une sorte de feu d'artifice d'hiver, où les pierrettes seraient des fusées, les pierrots des chandelles romaines, et les arlequins des soleils. Mais pourquoi toujours l'encadrement sinistre de tant de gens vêtus en employés des pompes funèbres? Malgré les

polichinelles multicolores et les clowns à l'an-
glaise, on serait disposé à demander d'une voix
basse et triste : « Où est le corps ? »

*
* *

Au sortir de cette féerie, — où l'on *s'embête
à mort* de près, mais qui apparaît égayante de
loin, — la lune étant couchée, la nuit semble
profonde sur les ponts, tandis qu'avec un mur-
mure frêle de soieries qu'on froisse, les glaçons
qui descendent se frôlent entre eux doucement
et flirtent longtemps ainsi avant d'en arriver à
l'union indissoluble. Ils s'éclairent en rouge ou
en jaune selon qu'ils passent sous l'arche, ou
stationnent à la pile du pont. Debout sur son
bateau, un homme les écarte à l'aide d'un croc.
Très silencieux, il reste insensible à la frisson-
nante musique des banquises, friss-friss-friss,
mélopée norvégienne sans doute, pareille à la
plainte du vent dans les sapins, durant les nuits
immenses du pôle mélancolique.

Au-dessus de cette embâcle qui se prépare, le spectre d'une ancienne débâcle surgit dans la nuit. Avec ses trous sur le ciel noir, ses arbres dépouillés qui se tordent au troisième étage, son aspect de ruine, chancelante déjà, mais résistant encore au néant, c'est le vieux palais de la Cour des Comptes qui dresse sa silhouette calcinée à côté des amoncellements de glace que roule la Seine. Ô antithèse sinistrement éloquente! En face des rigueurs du froid, les fureurs du feu!

*
* *

Parfois un phénomène céleste survient du côté du nord, derrière la Butte Montmartre. Une vaste lueur empourpre le tiers du ciel, et noie les étoiles. Des mouvements se produisent dans cette masse lumineuse; ce sont des fulgurations, des élancements, des oscillations et des reploiements bien connus des voyageurs qui sont allés vers le pôle. Une aurore boréale? Oui et non : c'est une aurore boréale parisienne.... Quelque usine ou grand chantier de bois flambe vers Saint-Denis.

Dans un « ah! ah! » de trompe, passent les
voitures des pompiers, secouant des torches
au-dessus de leur bizarre attelage. Les casques
brillent, et la longue échelle apparaît comme le
squelette d'un monstre antédiluvien.

* *
*

Non loin du cimetière, les deux prisons, la
grande et la petite, se regardent impassibles,
bien que leur solitude nocturne soit troublée.
Sous la maigre lueur des becs de gaz une foule
ondule. Des cavaliers se roidissent sur leurs
chevaux qui piaffent.

Des hommes, portant des lanternes, tirent d'un
fourgon une sorte de charpente. Un triangle
soudainement luit. Tout près, une voiture attend.
La foule ici est silencieuse; à peine, de temps
à autre, entend-on le cliquetis d'un fourreau de
sabre, ou quelque commandement bref donné à
voix basse; un peu plus loin, des cris sauvages,

des chants bizarres, ignobles, s'élèvent. La
gránde porte ne va pas tarder à s'ouvrir.

En face, à la Petite-Roquette, on aperçoit les
vasistas du dernier étage peuplés de têtes. Ce
sont les employés et les geôliers qui se payent
ces avant-scènes de balcon.

On croirait, à distance, dans la pénombre,
voir des crânes d'anciens guillotinés, venus
d'outre-tombe pour saluer le nouveau.

Sinistre paysage !

*
* *

Près des ponts, non loin de cette place *Maub'*,
comme les spécialistes du vagabondage et du
crime appellent la place Maubert; puis dans la
rue Mouffetard et les sinistres alentours du Panthéon; puis encore à travers les rues Galande,
des Anglais ou de la Huchette, le Paris nocturne
devient effrayant. Des murailles lépreuses cachent
des garnis redoutables; d'horribles boutiques
de vins offrent aux regards des audacieux

touristes une humanité
singulière, que
marquent
le vice et
la misère.
Et là-haut,
sur votre
Montagne,
ô Sainte
Geneviève,
s'alourdit
un silence
sépulcral
parmi des
ruelles où
l'on croit
sentir le
péril dans
épaissie.
rues du vieux
l'ombre
Certaines
Paris, la rue Beaubourg,
la rue de Venise, rues de tumulte, donnent la

22

sensation du sabbat du Brocken, où les truands
se marient aux sorcières dans une tempête de
blasphèmes ou d'immonde allégresse.

Un contraste brusque rend parfois plus atroce
le spectacle de ces êtres qui, pour un sol ou
deux, peuvent passer la nuit sur des marches
d'escalier : c'est que ces demeures vouées aux
escarpes et aux sans-chemises, en attendant
la pioche des démolisseurs, furent jadis des
hôtels de beaux seigneurs et de gentes dames,
au temps du grand siècle! Sous leurs lèpres
actuelles, ces maisons montrent encore des
délicatesses d'architecture, avilies, comme un
marquis tombé dans la boue et qui exhiberait
ses parchemins contaminés par les ordures de
ses poches de vagabond.

* *
*

Le mur de Mazas, la nuit, devient effroyable ;
déjà lugubre le jour, il s'exagère encore dans
l'obscurité. Mais c'est en suivant cette prison

sinistre que l'on se rend à la gare Paris-Lyon-
Méditerranée, la gare d'hiver.

A travers l'hémicycle du grand vitrail, on
aperçoit, comme deux gros yeux pâles, les
deux lampes voltaïques. C'est ici la route menant
vers le midi, vers le soleil! Les gens frileux vont
prendre le ticket qui leur permettra, au bout de
quelques heures, de savoir exactement comme
les nuits d'hiver respectent les palmiers de Nice
ou les orangers de Cannes.

Les nuits mornes ou joyeuses finissent par
finir, les hivers aussi. Mais une fièvre d'attente
prend le Parisien, quand les nuits durent trop,
ou quand les hivers s'allongent. Il lui tarde de
chanter la chanson du renouveau, la délicieuse
aubade au soleil levant. Il veut après les fleurs
de neige voir les fleurs de pêcher; après les
distractions ou les terreurs nocturnes, il réclame
le palpitant éclat du jour.

— Joli Printemps, revenez ici, dit le poète.

— Belle Saison, sois nous rendue, songe le
négociant.

Le soleil, avec des rayons tentants
Cognant aux croisées,
Je suis allé voir le nommé Printemps
Aux Champs Élysées ;
Les femmes étaient toutes déguisées
En roses rosées
Et les amoureux avaient tous vingt ans.

Dans l'or et l'azur les bébés marchaient
Comme des gens ivres ;
Les cafés-concerts grands ouverts crachaient
Les notes des cuivres,
Sonnant l'hallali des vents et des givres,
Et, loin de leurs livres,
Des négociants rêveurs chevauchaient.

* *

A de certains signes on sent venir l'aube
prochaine, malgré la nuit qui continue.

A des effluves particuliers chacun prévoit la

naissance du printemps, malgré les derniers efforts de l'hiver tenace. L'air, tout en restant frais, n'est plus glacé ni coupant. Le ciel se fait moins opaque, moins lourd. L'hiver va fuir, le jour va nouveau naître. Malgré d'âpres retours de la gelée, voyez sur le quai de la Cité, voyez sur le quai aux Fleurs, les violettes qui reviennent; voici de précoces lilas. Ces fleurs ambassadrices annoncent le Printemps, appelé par le poète:

comme aussi une aurore légère, toute frisson-
nante, qui teinte le ciel en rose, présage un
nouveau soleil.

Salut prochain Printemps! Salut, Jour naissant!

Vers les Halles, les misérables vont, aux
approches du jour, afin de glaner, non plus des
bouts de cigarettes, mais des reliefs de choux
et de carottes. La hideur de ces visiteurs
disparait dans le tumulte de l'immense garde-
manger de Paris. Et, sous la lumière électrique,
tandis que fume la haute cheminée d'usine qui
domine les Halles, les maraîchers, les poisson-
niers et les bouchers apportent le repas de la
Ville qui va s'éveiller dans un grand bâillement
de toutes ses portes et de toutes ses fenêtres....

Salut, Matin! Salut, reprise de la Vie!

Ainsi recommence, sur ce Paris bien-aimé,
le cycle perpétuel des Heures et des Saisons,
parmi les changeants paysages en lesquels on

trouve, pleins de délicatesse ou de force,
poussés au sublime de la joie ou de l'horreur,
renouvelés à l'infini, des spectacles que ne
rencontreront nulle part les plus intrépides
investigateurs du Globe.

Car nuls paysages exotiques en l'Univers ne
valent, aux yeux des fils de la Grande Ville,
les Paysages parisiens!

ACHEVÉ D'IMPRIMER

le 19 Mars 1892

sur les presses à bras de Lahure.

Eaux-fortes tirées par Eugène Delâtre

sur la presse d'Auguste Lepère.

www.ingramcontent.com/pod-product-compliance
Lightning Source LLC
Chambersburg PA
CBHW072034090426

42733CB00032B/1711